危机领导力

带领团队
走出艰难困境的 7 大原则

[美] 约翰·麦克斯韦尔 ◎著
(John C. Maxwell)

常玲玲◎译

LEADING IN TOUGH TIMES

OVERCOME EVEN THE GREATEST CHALLENGES WITH COURAGE AND CONFIDENCE

中国广播影视出版社

图书在版编目（CIP）数据

危机领导力：带领团队走出艰难困境的7大原则 / (美) 约翰·麦克斯韦尔著；常玲玲译. -- 北京：中国广播影视出版社, 2023.8

书名原文: Leading in Tough Times: Overcome Even the Greatest Challenges with Courage and Confidence

ISBN 978-7-5043-9076-9

Ⅰ. ①危… Ⅱ. ①约… ②常… Ⅲ. ①企业领导学 Ⅳ. ①F272.91

中国国家版本馆CIP数据核字(2023)第154369号

北京市版权局著作权合同登记号 图字: 01-2023-3495 号

危机领导力：带领团队走出艰难困境的7大原则
[美] 约翰·麦克斯韦尔（John C. Maxwell） 著
常玲玲 译

策　　划 颉腾文化
责任编辑 刘雨桥
责任校对 龚　晨

出版发行 中国广播影视出版社
电　　话 010-86093580　010-86093583
社　　址 北京市西城区真武庙二条 9 号
邮　　编 100045
网　　址 www.crtp.com.cn
电子信箱 crtp8@sina.com

经　　销 全国各地新华书店
印　　刷 文畅阁印刷有限公司

开　　本 880 毫米 × 1230 毫米　1/32
字　　数 69（千）字
印　　张 5.375
版　　次 2023 年 8 月第 1 版　2023 年 8 月第 1 次印刷

书　　号 ISBN 978-7-5043-9076-9
定　　价 59.00 元

致谢

我想对查理·韦策尔和其他促成这本书的形成和出版的团队成员说声谢谢。我还想对我的机构中所有支持这本书的人说声谢谢：你们的支持赋予我莫大的价值，让我能把这份价值传递给更多的人。我们将一起创造辉煌！

目录

困境：机遇的馈赠者

作为人类，我们似乎认为生活就应当是轻松的，这尤其在今天的美国已经发展成为一个问题。我们期望通往成功的道路一帆风顺，我们期望我们的生活无烦恼，我们期望政府能帮助我们解决所有的问题，我们期望不用付出任何代价就能获得丰厚的报酬。但现实并非如此！生活是艰难的。

哈尔·厄本（Hal Urban）在《给你正能量的20堂课》（*Life's Greatest Lessons*）中写道："一旦我们面对现实，接受生活的艰辛，我们就会成长，就会明白问题也是机遇。也就是从那时起我们开始探索我们的本质，面对生活的挑战。我们不会被困难打败，而是会把困难作为对性格的考验，作为应对突发状况的手段。"[1]

对领导者来说，认清和接受现实尤为重要。生活中任何值得拥有的东西都不是不劳而获的。这也是为什么精神病学家摩根·斯科特·派克（M. Scott Peck）在他的《少有人走的路》（*The Road Less Traveled*）一书中的开头这样写道："生活是艰难的。"生活是艰难的，在艰难的生活中进行领导是困难的，如果我们不理解和不接受这一现实，我们就有可能失败，就不会获得成长或者成功。

作为领导者，即使我们愿意承认生活对绝大多数人来说是艰难的，但我们很多人在内心深处还是偷偷希望这个事实不会发生在我们身上。但没有人能避免生活带来的问题、失败和挑战。如果我们想要进步，我们就必须克服生活中的困难。正如诗人拉尔夫·沃尔多·爱默生（Ralph Waldo Emerson）所言："人类的行走就是向前坠落。"

逆境的好处

优秀的领导者明白逆境和挑战是提升领导力的机会。

1. 逆境让我们认识自己

逆境总会吸引我们的注意力，我们无法忽视它。它让我们停下来，审视我们的处境，如果我们足够勇敢的话，甚至审视我们自己。逆境为我们创造了自我发现的机会。正如伟大的埃及领导人安瓦尔·萨达特（Anwar el-Sadat）所说："巨大的苦难造就了一个人，使他有自知之明。"我相信这句话千真万确——如果我们接受它。

我最喜欢的一本书是詹姆斯·艾伦（James Allen）的《做你想做的人》（*As a Man Thinketh*）。在我十几岁的时候，我爸爸要求我读这本书。书中有一个观点给那时年轻的我留下了深刻的印象："环境造就不了人，但它会让人了解自己。"

2. 逆境是比成功还要好的老师

逆境对我们来说是一位好的老师。你也许听过这样一句话："学生准备好了，老师就来了。"但事实并非如此。无论学生是否准备好，逆境这位老师都会来。那些准备好的学生就能从逆境中学到东西，而没有准备好的学生却一无所获。奥普拉·温弗瑞（Oprah Winfrey）建议："化创伤为智慧。"领导者只有在心态正确的时候才会那样做。

3. 逆境打开新的机遇大门

我作为领导者学到的最重要一课就是逆境通常是"通往机遇的大门"。优秀的企业家都本能地知道这一点，但绝大多数人被教导以错误的方式看待逆境。正如富爸爸公司的联合创始人兼发言人金·清崎（Kim Kiyosaki）所说："我们绝大多数人从幼儿园开始就被教导犯错是不对的。你是否常常听到这样的话，'别犯错！'。事实上，犯错误是我们学习的方式。错误会教会你不知道的东西。你一旦犯了这个错，下一步你就知道了。回想一下你第一次触摸热炉的情景（错误）。通过那次错误，你知道了如果你触碰热炉，你就会被烫伤。犯错并不糟糕，它会教会你一些你不知道的东西。"

很多人面对逆境时会被逆境击垮。然而，他们需要做的是寻找有利的方面或者机会。我最喜欢的一个例子发生在19世纪70年代的宝洁公司（Procter & Gamble）。有一天，工厂的一个员工去吃午餐，忘记关掉搅拌肥皂的机器了。当他回来的时候，肥皂由于加入空气，体积膨胀起来。多么大的一个错误啊！他应当做些什么呢？虽然他已经毁掉了肥皂原来的样子，但他不想把它扔掉，于是他把肥皂倒进一个模具里，然后进行切割、包装和运输。

几周后，公司开始收到顾客的信件，要求订购更多可漂浮的肥皂。为什么？因为肥皂在工厂很受欢迎。工人在换班结束时，在大桶的死水里清洗，水桶里的水会变得浑浊。能漂浮的肥皂在掉到水里时更容易被找到。一场制造上的错误创造了一次机会，诞生了象牙肥皂，100多年后的今天仍然在销售。

当你面临困境时，你是否看到了机会？你是否在寻求利用它们的方法？

4. 如果我们反应得当，逆境就会书写我们的故事

一些人把逆境当作垫脚石，另外一些人则把它当作墓石。人们对待逆境方式上的差别取决于人们如何看待它。表现心理学家吉姆·洛尔（Jim Loehr）说："夺冠教会我们如何获取经验以及如何从本质上体现它产生的效应。如果你把失败看作是一次学习的机会、变得更好的机会，那么你就一定会更好。如果你认为失败是一次致命的打击，那么它就一定会致命。在这种情况下，故事的作用要比经验本身更重要。"

如果你对逆境的反应得当，它就能使你变得比以前更好。我几年前读过詹姆斯·凯西（James Casey）写的一首诗《攀登险峰》，诗的第一节这样写道：

为了我爬过的每一座山
为了磨伤我脚的每一块岩石
为了所有的血汗和尘垢
为了炫目的风暴和灼热的热浪
我的心在唱着一首感恩的歌
感恩这些让我变得坚强的东西[2]

困境在你的生活中将会书写什么样的故事？每位领导者都有机会成为伟大故事中的主人公。有些领导者会胜任这个角色，而有些不会。选择权在于你自己。

优秀的领导者会看到机会，抓住机会。他们在不断寻找帮助团队、提升团队的办法。《领导力》的作者詹姆斯·M. 库泽斯（James M. Kouzes）和巴里·Z. 波斯纳（Barry Z. Posner）将领导者比作建立美利坚或者开发美国西部的开拓者。他们写道："领导者是开拓者，是愿意开拓未知世界的人。为了找到新的、更好的做事方法，他们甘愿冒险、创新和尝试。"

领导者，顾名思义，是走在最前面的人。他们负责开辟疆土，其他人紧随其后。优秀的领导者不仅要带领他人走出困境，还要冲锋在前。他们更像是导游而不是旅行代理商。他们看到了机会，并且做好了前行的准备，然后他们会说："跟我来。"

带领人们走出持久的困境

任何领导者面临的最具挑战的任务之一就是成为变革的领导者，带领人们走出困境，但它也有可能变为最具价值的工作之一。经济学家约翰·肯尼思·加尔布雷斯（John Kenneth Galbraith）断言："所有伟大的领导者都有一个共同的特征：他们愿意勇敢面对他们那个时代人们的主要焦虑。"

在艰难时期，我们所领导的人会发现我们是谁，我们也会发现自己是什么样的人。正如作家杰克·金德（Jack Kinder）所说："你不是在危机中诞生的，你是在危机中被显露出来的。当你挤压橙子时，你会获得橙汁；当你挤压柠檬时，你会获得柠檬汁；当你受到挤压时，你会得到内在的东西——积极的或消极的。"

解决困境最好的办法是把困境当作机遇。大多数人想不面对问题就能把问题解决，但这是不可能的。作为领导者、教练和转折的催化剂，你要帮助人们解决问题，承担责任，努力使事情向好的方向发展。人们需要帮助的时候，你可以给他们建议、鼓励和积极的回应，但每个人都要尽自己的责任，进行团队合作。

在这样的背景下，我将就如何在艰难时期领导和服务他人给出下面的建议。

1. 认清现实

管理学家彼得·德鲁克（Peter Drucker）曾说："动荡的时代是危险的时代，但它最大的危险是否认现实的诱惑。"所以在动荡的时代领导者要做些什么？答案是帮助人们认清现实，这是领导者的首要职责。

在我的书《团队领导力 17 法则》中提到"记分牌法则"，这条法则规定团队需要认清形势并做出相应的调整。作为领导者，你需要帮助人们认清阻碍他们的事情和能够将他们解救出来的事情。如果人们不知道这些事情是什么，那么他们就无法做出正确的选择，而且很多人自己都难以弄清楚这些事情，需要你帮助他们。《根》的作者亚历克斯·黑利（Alex Haley）曾说："你要么应对现实，要么现实就要对付你。"

2. 提醒他们持有大局观

领导者是愿景的守护者和传达者，他们有责任看到大局并且帮助人们看到它。人们需要知道他们那样做的原因以及努力工作会有收益作为回报。这并不意味着领导者对愿景百分之百清楚，尤其是在艰难时期。但是没关系，当我带领人们走出困境时，我往往不知道所有的答案。但我知道肯定有答案，我需要做的是竭尽所能找到答案，这会给人们以安慰。

3. 帮助他们制订计划

在你制定策略走出困境之前，你需要知道你目前的处境以及你的努力方向。如果你已经帮助人们认清了现实，向他们展示了大局，那么下一个任务就是确定从现实向大局发展的步骤。并不是所有人都会认为这样做很容易，作为领导者，你需要和他们并肩作战，共同解决问题。

4. 帮助他们做出正确的选择

人们的选择会确定他们是谁以及他们会往哪里去。的确，我们无法选择我们生活中的每一样东西，但是大部分东西都来自我们的选择。作为领导者，你生活中做出的正确选择越多，就越能更好地充实自己去帮助他人，这不仅仅是因为你有足够的经验和智慧，还因为频繁的正确选择会让你容易获得成功，从而拥有更多的选择。如果这些对你来说是真的，那么请你善加利用它们，帮助他人渡过难关。

5. 重视和促进团队合作

当形势变得艰难，所有人都应当一起努力使团队渡过难关。在《团队领导力 17 法则》中的“珠穆朗玛峰法则”指出“随着挑战的升级，对团队合作的需求也在升级”。没有哪个团队不需要团队合作就能赢以及一直能赢。领导者的职责就是促进团队合作，让团队成员互相合作，共同努力。

6. 给他们希望

美国前卫生、教育和福利部部长约翰·W. 加德纳（John W. Gardner）说过："领导者自始至终的任务就是保持希望，也就是说，尽管我们每天都在行动，尽管我们懒惰、肤浅和动摇决心，但我们仍然保持着终会找到通往美好世界道路的希望。"希望是变革的基础。如果我们一直满怀希望，并且帮助他人也是如此，那么我们会有向前迈进并获得成功的机会。

由强有力的领导者领导的高效团队很难被打败。团队成员效率很高，士气也高涨。将军乔治·C. 马歇尔（George C. Marshall）说过："士气是一种精神状态。它是坚毅、勇气和希望，它是信心、热情和忠诚……它是忍耐、坚持到底的精神，是赢的意志。有了它，一切皆有可能；没有它，一切……都变得毫无意义。"

* * *

危机蕴含着重生的机会，困境让我们变得更强大，冲突让我们有机会重新开始并建立更好的关系。要记住这些事情并不容易，但作为领导者，我们有责任提醒人们注意各种可能性并且帮助他们获得成功。

很多领导者试图利用体制来解决问题，或者雇人来替他们解决问题。但事实上，领导者不可能把问题的解决托付给他人。他们必须积极面对挑战，突破障碍、紧急救援、纠正错误以及引导人们。一旦他们的效率具有感染性，在整个团队中蔓延，就会产生巨大的生产力，生产力能够解决很多问题——远远超过管理层或顾问所能解决的问题。

第1章

自我领导
成为领导者的必经之路

在艰难时期，你要迈出的第一步是做好成为领导者的准备，迎接挑战，带领团队走出困境。当然，你要先领导好自己，做出正确的选择。你要考虑该成为什么样的领导者来领导你的团队奋勇向前。作为领导者，了解你自己，了解什么对你和你的团队最适合、最有效，这在任何时候都很重要。当对你的工作环境和工作目标会产生影响的新的挑战或重大变化来临时，你需要想一想对你的团队来说你将会是一个什么样的领导者，在困难重重、“压力山大”的征程中，你是否能从始至终地坚持自己的价值观。

1.1 从这里出发

面对困境，领导者会本能地开始寻找前进的道路，但往往会忽略道路的起点。自我领导的第一步就是自我评价。知道自己现在在哪儿才能到达自己想去的地方。通过回答下列的问题，你将能够更好地绘制出穿越困境的蓝图。

1.2 了解你自己

成功的领导者会努力认识自我。他们知道自己的优缺点，了解自己的性情。他们知道什么样的个人经历对他们有益。他们深谙自己的能量水平，每日、每月和每季的生活节奏。他们知晓什么样的人可以共事、什么样的人需要他们努力去欣赏。他们目标明确，明白如何达到目标。因此，他们确定他们能够做什么，他们的领导力也很稳定。

深入了解你自己不是一朝一夕的，而是一个漫长而又复杂的过程。有时，这个过程会很枯燥，但如果你想成为一个更好的领导者，这个过程又是必不可少的。自我认识是有效领导的基础。

1.3 确定你的立场和价值观

这是你的性格和领导力的核心。价值观是你用来指导自己行为的准则。我们都要确定自己信奉什么样的价值观——例如，我们为什么而活，为什么而死。如果你是一个领导者，你所拥护和信奉的那些价值观还会决定什么样的人会追随你，以及为什么会追随你。

如果你还没有仔细思考过自己的价值观，那么就从现在开始写下每一条对你来说重要的原则或事情。列出所有你认为值得钦佩的品质。你的脑海中一旦闪过生活的某一方面，你就要把它紧紧抓住，找出对你来说重要的地方。你的价值观虽然最终不应该由外部因素决定（如你的职业或环境等），但是为了让你能思考得更全面，考虑这些因素也不失为一个好主意。

当你觉得已经穷尽任何可能的想法时，就把这份清单暂时搁在一边，但脑海深处不要停止对它的思考。一旦产生新的想法，就把它加在清单里。你也许要读一些书来激发思维，然后查看清单是否有所遗漏。

几周后，你开始整合清单里的想法。例如，你会发现“真实性”和“正直”相重合，“奉献”和“努力工作”也是如此，所以，你要“二者择其一”或“另选替代词”。紧接着，你要缩小清单的范围。你不可能一直跟踪观察你所列出的20个或50个价值观有多么好。你只能先淘汰那些肤浅或一时心动的价值观，然后鉴别出哪些价值观是建立在真理基础上的，符合你的最高理想。清单中又有哪些价值观能够真正代表你的思想内核？哪些价值观能够长久存在？哪些价值观能让你为之舍弃生命？

虽然你的个人生活和职业生涯中的价值观常常保持一致，但是如果涉及领导力，那么就有几个特定的价值观至关重要：

1.3.1 公仆精神：好的领导意味着为他人服务

人们追求领导力有很多原因，有些人想要权力，有些人想要财富，更多的人是受改变世界的理想或愿望所驱使。我认为追求领导力唯一有价值的动机就是为他人服务的思想。如果你想要领导他人却不愿意为他人服务，那么我认为你有必要反省一下你的动机了。不把他人的利益放在第一位的领导者最终不会成为一名合格的领导者，因为他们将会失信于人。如果你具有公仆精神，你不仅会成为更好的领导者，还会帮助你的团队，帮助你的团队所服务的人，从而使这个世界变得更美好。

1.3.2 人生目标：让你的目标指引你的行为

如果你不知道自己的人生目标，你就无法发挥自己的潜力。如果你不知道自己为什么活在这个世上，你就不能尽最大能力去实现自己的目标，你帮助他人的方式也会受限。你一旦明白了自己的人生目标，你就会按照这个目标合理规划自己的生活。反之，你的生活就会杂乱无序，你就永远都不会有真正的自我满足感。

1.3.3 诚实守信：领导他人要先领导好自己

优秀的团队是由拥有不同技能的队员组成的。团队成员需要在价值观、习惯、纪律、态度等方面保持一致。团队的领导者首先要给大家树立榜样。如果团队的领导者不自律、工作草率、没有效率，或者待人不好，人们就会效仿他。如果你做的比大家期望的还好，大家就会尊重你，就会愿意追随你。

1.3.4 人际关系：建立细水长流的人际关系

许多领导者认为，如果人们需要或想要什么，就会来找他们。但优秀的领导者并不这么认为。高效的领导者会主动出击，表达愿景，寻求机会。他们主动出击的举措会使整个团队受益。他们主动建立人际联系。他们需要与自己共事的人相处融洽，于是他们找到这些人，通过问他们问题，了解他们、帮助他们，为他们找到成功的办法，从而建立良好的人际关系。如果你想成为更好的领导者，就要高度重视人际关系。

1.4 重新致力于个人的成长和自律

领导者需要不断成长才能保持领导地位。如果他们自己做不到成长和提高，就不可能期望他们的追随者做到。艰难时期充满变化，自我成长尤为重要。成长是适应变化的唯一途径。无论你是在追求成长的路上还是刚刚意识到自己需要成长，要想成为人们所需要的领导者，你就必须重新做出行为上的改变，这也是形势所需。艰难时期要求你……

1.4.1 始终如一地践行自己的价值观

希望你已经缩小了你要信奉的价值观范围。但是光有知识和意图是不够的。你还需要每天践行自己的价值观。先从扩充你的价值观清单开始，在每个价值观旁边写上一段说明性的文字，说明你如何将这个价值观应用到你的生活中，以及它会给你的生活带来什么好处或者对你的生活有何指引。把写好的这份文件放在你每天能够看到的地方，然后养成以下的日常习惯。你要不断实践，努力做到始终如一。

1. 每天都拥护自己的价值观

在开启新的一天时都要提醒自己最重要的价值观是什么，然后一天中所做的决定、选择都要体现这些价值观。无论在做决定期间还是做决定过后，都要告诉自己，并且在恰当的时候告诉别人，为什么做出那样的选择。这不仅会巩固你头脑中的价值观，有助于你实践它们，还会增加你的责任心。

2. 不断比对自己的价值观和行为

价值观和行为的不一致常常会给人的生活造成混乱。如果你只是谈论价值观而忽略了去实践它们，那么你的诚实和信用就会受损。花点时间对比自己的行为和价值观，记下它们何时一致、何时不一致。对于任何与你的价值观不一致的行为，你都要重新审视采取该行动的决定。这些有助于你将来做出更好的决定。按照所需，下定决心明天就把事情做好。这让人感觉并不容易，有可能还会导致……

3. 抛开感觉，实践自己的价值观

当你感觉良好、一切如你所愿的时候，自始至终地践行自己的价值观并不难。然而，当你的价值观需要你表明立场或做一些会伤害到你或让你付出代价的事情时，你就会产生恐惧、愤怒等情绪，这将使价值观的坚持变得更艰难。所以，请按下暂停键来抵御基于感觉做事的诱惑。随着时间的推移，感觉会逐渐减弱，你的思考会变得更加清晰。下定决心，做每一个决定时把你的价值观放在你的感觉之前。然后不断实践，直到你的行动符合你认为最重要的价值观。我们的目标是做正确的事，不管你的感觉怎么想。卓有成效的领导者会做出艰难的决定，并且希望自己的感觉也能做出同样的决定。

4. 用自己的价值观评价每一天

大多数人很少花时间反思，但是对于想要自始至终实践自己价值观的人来说，自我反思是必要的。本·富兰克林（Ben Franklin）曾在早晨起床时问自己：“我今天要做什么好事？”当他晚上上床睡觉时，他会问自己：“我今天做了什么好事？”他一直用自己的价值观进行自我评价。

1.4.2 关注自己的责任而不是权力

你有权力做某事仅仅因为你是领导者，但这并不意味着那就是正确的事情。将关注点从权力转向责任往往是领导者成熟的标志。很多人在成为领导者之初都会为手中握有的权力以及权力所能做的事情感到兴奋。这种权力让人振奋，甚至可以说是令人陶醉。但我们每一个人都要通过自身的努力成长为一名不依赖手中权力的领导者。当我们以这种方式成熟起来时，我们就会把关注的重心从享受权力本身向用好权力为他人服务转变。

关注权力的领导者不可避免地会产生权力意识。他们希望他人为自己服务，而不是想办法为他人服务。对于他们来说，职位比职业发展重要。他们更注重独揽大权而不是促进团队合作。因此，价值观被抛在一边，权力变得至高无上。

追求权力的领导者重视对他们有利的规章制度而忽略对他们不利的。他们还重视建立在利益基础上的人际关系。对于他们来说唯一重要的就是等级地位。

但是这些依赖地位和头衔的人往往是领导阶层中最弱的部分。他们期望他们的领导职位能有助于他们解决工作中的困难。他们要求权力，却没有付出。因此，跟随他们的人也付出很少，仅仅按照要求跟随他们而已。团队成员没有投入是因为团队的领导者没有对团队进行投入。团队成员缺乏努力做好工作的动力和激情，团队产生效益的能力也就非常有限。

1.5 提高领导者的勇气

让我们面对现实吧：有效领导注定是充满困难和风险的，尤其是在艰难时期，所以勇气显得十分必要。有了勇气，领导者就会敢于承担风险，在需要的时候冲锋在前。这会有助于他们解决难题、应对可能的失败。

缺乏安全感的领导者不断破坏自己和他人。他们担心自己的地位和身份会保不住，所以他们不愿意冒必要的风险。他们不愿意投资他人，因为担心别人会取代他们。所以，这些领导者如果解决不了他们安全感的问题，就不会有勇气最大限度地发挥他们的领导潜力。

如果你担心不安全感会让你裹足不前，那么就准备在以下几方面做些尝试吧。

1.5.1 自我

诚实的领导者知道他们并不是无所不知。他们承认，成功来自团队所有人的努力。他们不会亲自回答每一个问题，也不会试图做每一个决定。他们认为胜利是集体努力的结果。他们的目标不是让别人高度赞扬他们，而是让别人获得高度的自我满足感。

如何知道你的自我是否阻碍自己领导能力的发挥？让我们来想一想你和你的团队在一起时的情况。

- 你的团队成员是否能自由分享他们的所思所想？
- 你是否很少提供出色的想法？
- 在你提供想法的情况下，讨论是否从你的想法开始向更好的想法发展，而且你也乐见其成？

当你的团队表现出色时呢？

- 当你的团队获得成功时，其他团队成员是否获得了绝大部分荣誉？
- 团队成员是否对正在进行的工作有共同的自豪感？
- 当出错的时候，你是否一人承担了大部分责任？

如果你对这些问题的回答是诚实、肯定的，那么自我也许对你来说就不是一个问题。如果你对这些问题的回答大部分是否定的，那么你就要当心了。也许你需要反省一下自我。有安全感的领导者会给团队营造一个积极、肯定的工作环境，团队成员能够从中获得荣誉感。自信的领导者会在他人的成功中体验纯粹的快乐。他人闪烁，他们亦发光。

1.5.2　控制

许多缺乏安全感的员工都试图通过少做或保持低调来避免犯错。缺乏安全感的领导者处理这个问题的方法截然不同。他们依赖控制。他们认为如果他们对员工进行微观管理，他们就可以防止员工犯错。

不幸的是，控制型领导者并不了解进步只来自冒险和犯错。自信的领导者勇往直前、开拓进取，他们也会犯错误。他们期望他们的员工也和他们一样。

既然无法防止犯错，你和你的团队为什么不能采取接纳错误的态度，并从中学习成长？无论如何这是人们从错误中获益的唯一方式。不要试图把人禁锢在一个盒子里，试着帮助他们充分利用他们的纰漏、失败和失意。正如通用电气前首席执行官杰克·韦尔奇（Jack Welch）所说："一个领导者的作用不是控制他人或掌控一切，而是引导、鼓励和激发。"这是自信的领导者所做的。

1.5.3 信任

不同的领导者看待信任是不同的。有安全感的领导者把信任看作是人际关系的黏合剂、业务运转的润滑油。缺乏安全感的领导者并不信任他人，也不愿投资他人。因此他们也不能赢得他人的信任。作为一个领导者，你永远都不要把信任视为理所当然。不断增加自己的勇气，你就能够信任他人，也会赢得他人的信任。

1.5.4 寻求智慧和胜利

并不是每个人都能靠自己获得领导者的勇气。对于经验有限、缺乏指导的年轻领导者来说尤其如此。睿智的导师和不断的胜利会证实你的决定，增加你的勇气。

1．与鼓舞你的人共度时光

我们总是缺乏勇气，因为与我们共度大部分时光的人宁愿我们泄气而不愿我们振奋。如果你的生活中有那样让你垂头丧气、举棋不定的人，远离他们，留更多的时间给那些希望看到你胜利、鼓励你勇敢做事的人。

2．想办法赢得一些力所能及的胜利

如果你的勇气不够，就想办法赢得一些小的胜利。成功无论大小，都会孕育自信。把过去的胜利列一个

清单，这会让你建立（或重获）自信。记住勇敢决定产生的积极意义会让下一个决定更容易。

3. 不要和别人攀比

攀比会削弱而不是增强勇气。在当今社会，避免攀比很难。例如，社交媒体会强迫你拿自己最坏的一面与别人最好的一面相比较。在这种情况下，你总会发现自己的不足。千万不要这样想！别人并不总像我们所认为的那样好，我们对自己的弱点一清二楚，对别人却一无所知。因此，这种比较是扭曲的。此外，我们每一个人都是这世上独立的个体，都对这个世界有所贡献。与其与人攀比，莫不如专注做最好的自己。

4. 在某一方面变得出色

这就引出了我建议你为获得自信做的最后一件事——在某一方面变得非常优秀。如果你专攻你最为擅长的事情，你不仅会增加团队的价值感，还会发现你自己也变得更容易相信自己了。如果你想获得自信，就成为某一方面的专家吧。培养一项非常有价值的技能。了解关于客户的一切信息。它可以是任何事情——如果它有助于团队获得成功，使你获得自信，那么它就是所有人的胜利。

勇气使人与众不同。勇敢的人卓尔不群。勇敢的领导者为不确定的人提供确定性，为没有安全感的人提供安全感，这在艰难时期尤为重要。人们喜欢追随那些有目标、有方向的人。一个领导者的勇气会感染他的追随者。他们更有可能共同克服困难。

* * *

成功的人能与他人和平共事，既享受挑战又享受机遇，他们不认为自我领导是消极的或限制性的。他们对此表示欢迎。美国国家橄榄球联盟绿湾包装工队的传奇教练文斯·隆巴迪（Vince Lombardi）断言："从长远来看，我从没见过一个称职的人在内心深处不欣赏磨砺和自律。"在面对富有挑战的困境时，能坚持自己的价值观并保持一贯而又有益的领导风格是不容易的。这需要自我领导，但回报可能是显著的。

第 2 章

变革

成为卓有成效的领导者

人们如何解决问题、面对挑战和克服困难？变革是最好的答案。进步需要变革，创新需要变革，抓住机遇需要变革。但与此同时，大部分人却抵触变革。

这也是为什么团队需要优秀的领导者——尤其是在艰难时期。优秀的领导者会在艰难时期实行变革，并产生好的结果。他们不仅自己卓有成效，还会帮助他的团队获得成功。他们帮助团队和组织找到获胜的办法。

作为艰难时期的领导者，你要成为变革的推动者。你需要帮助他人进行积极的变革，有时甚至要将他们带出舒适区。你需要帮助他们卓有成效，甚至在他们对成功有所怀疑的时候。

2.1　期待变革，欢迎变革

能够成功带领团队进行变革的领导者都有独特之处，他们期待变革，准备变革，欢迎变革。很多人希望变革，但是很少有人真正想变革。很多领导者试图在没有实行变革的情况下带领团队走出困境。但讲究成效的领导者认为变革是必须的，他们把变革作为一次有益的机会，努力带领团队寻求渡过难关的办法。

很多人都把承诺当作一件瞬间完成的事。他们在婚礼上说“我愿意”许下对婚姻的承诺，他们通过握手达成一桩交易，为了健身他们买一台跑步机，但这仅仅是承诺的开始。你要明白任何时候对某件事情的承诺都要经受考验，承诺是一个过程。

2.2　立志做一个变革者

那些成功变革的领导者和仅仅将变革理论化的批评家之间最大的区别在于是否接受变革是必要的。虽然接受变革很重要，但仅仅接受还是不够的。那些有效推动变革的领导者，无论面对多少障碍，无论经济状况如何，无论他们的团队遇到什么问题，他们都能设法进行变革。他们知道面临什么样的危险，所以会为变革积极备战。

坚定的变革者会激励团队一直向前。团队一旦获得动力，就决不退缩，勇往直前。改革者会不断加强那股驱动力以取得更大的变革。不仅如此，他们还会帮助团队加足马力。在领导变革的过程中，变革者需要……

2.2.1 发现团队成员间的共同点

变革领导者要实行变革就要找到团队成员间建立关系的最佳方式，即领导者需要找到团队成员间的共同之处。变革领导者总会禁不住指出团队的不足，为的是让其他人相信变革的必要性，但这很少奏效。相反，专注于相似之处，并且以此为基础进行变革才会有成效。变革领导者可以从以下几方面寻找团队成员的共同点：

1. **愿景**：当愿景相似，人们就会团结起来实现共同的想法。如果他们的愿景与你的相似，你会清晰地看到它，每个人都会有实现愿景的强烈愿望。

2．**价值观**：如果你与他人的价值观不一致，你们很难长期共处下去。了解他人的立场，尝试寻找共同的价值标准并达成共识。

3．**关系**：优秀的团队往往是由那些彼此承诺、有共同愿景的人组成。

4．**态度**：如果你想让你的团队成员一起为积极的变革而努力，那么他们的态度就需要是积极而坚定的。他们如果做不到这一点，未来的变革就一定会有麻烦。

5．**沟通**：对于即将到来的变革，团队成员间的沟通必须是开放、坦诚而又持续不断的。当人们彼此被蒙在鼓里，他们很容易互相猜忌，并对发生的事情做出错误的假设。要让所有人对变革知情以便达成共识。

从这些方面找到你和团队成员之间的共同点后，你就可以开始推行你实际的变革了。变革通常取决于变革领导者，但这里有一个好处：如果你的团队成员需要变革，他们会期望他们的领导者给他们以激励和引导。如果你准备好带领团队进行变革了，那么记住以下几个准则。

2.2.2　变革那些需要改变的，而不是那些容易改变的

当团队遇到困境时，领导者会本能地知道进行变革的时机到了。但是他们不确定是进行彻底的变革还是仅仅表面的变革。表面变革比较容易，只要做出变革的假象就可以了，但往往产生不了积极的效应。彻底变革是比较困难的，例如，改革不健康的团队文化，改变领导者以及他们的领导方式等，这些变革才会彻底改变一个团队。

2.2.3　放下昨天，走向明天

当今世界科技的迅猛发展使在这一领域工作的人坚信他们必须忘掉昨天才会为了明天而进行更好的变革。我们这些不懂技术或不在相关领域工作的人很难理解这一观念。微软联合创始人兼前首席执行官比

尔·盖茨（Bill Gates）曾说："三年内我们公司的所有产品都将过时。唯一的问题是由谁来淘汰它，我们还是别人。"

如果你要领导团队进行变革，你就要抛弃过时的程序和僵化的思想，并且帮助跟随你的人也同样如此。这通常不仅是一个实践或智力考验，也是一个情感考验。承认过去的重要性，尊重过去做过贡献的人，但也要告诉他们为什么不能待在原地，为什么你带领他们去的地方会更好。

2.2.4　简洁而有力地传达信息

简洁而有说服力的信息蕴含巨大的力量。当你表达变革的愿景时，要提供更多的理由。变革的理由越充分，人们就越有可能接受它。当然，变革的主要原因可能是变革对团队的发展会更好。但变革该如何对顾客、客户和大众也有好处呢？对团队中实行变革的人，如何更有益处呢？永远都不要低估回答"这对我会有什么好处"这样问题的重要性。

2.2.5 激发人们的信心

变革的第一步是你自己对变革要有信心。你如果没有信心，就不会做出承诺。人们会感觉到这一点，因而不会追随你。但比相信变革更重要的是要相信执行变革的人。他们能感受到你的信任，这将决定他们是否愿意追随你继续前进。你对他们的激励会让团队焕发生机，你对他们的信心会激发他们对自己的信心，你对他们的信任会让他们更加信任自己。

2.2.6 清除变革的障碍

一旦人们知晓变革的必要性和愿景，树立了变革的信心，那么你作为领导者的重要任务就是清除变革路上的障碍。这些障碍往往是由过时的体制、复杂的流程、棘手的人事或紧缺的资源造成的。为了找出障碍，你要深入团队，看看他们在做什么，倾听他们的诉求，试问自己以下几个问题：

1. 需要排除什么内部障碍来确保变革顺利进行？

2. 如何排除与变革相对立的政策?

3. 需要排除哪些不必要的任务才能将人们解放出来进行变革?

4. 释放哪些资源来促进变革的实行?

5. 哪些人在试图阻止变革? 如何改变这些人?

2.2.7 速度优先

永远不要低估早期成功的重要性，它会增强人们奋勇向前的信心，坚定人们变革的信念。同时，它还会让正在进行变革的人意气风发，反对变革的人保持缄默。每一次成功都会化为一种动力，它是领导者最好的朋友。

2.3 借助动力优势

每一位领导者都可以借助成功带来的动力让自己的变革之路更加顺畅。这也就是为什么我把动力称为“变革的加速器”。没有动力，变革会难以向前推进。有了动力，变革路上的一切问题就会迎刃而解。让动力常伴左右，你的表现就会出人意料。

动力可以在变革的实行过程中发挥重要作用，它会让你和你的团队开足马力，奋勇向前。人们越适应这个过程，变革就会越容易，变革的速度也会越快。

你可以为你的每一个团队成员设置一个挑战，让他们体验成功的喜悦，从而激发他们进行变革的动力。然后再为整个团队成员提供可实现的挑战，让他们作为一个团队一起努力获得成功。

2.4 克服障碍

每个人在生活中都会遇到障碍。团队在向目标迈进时，会面临更大的障碍，而团队领导者所面临的障碍比这还要大，尤其是在艰难时期，以及进行变革的过程中。这些障碍以各种形式存在，但下面这些是变革中常见的障碍：

2.4.1 失败

也许变革的最大挑战就是失败，但失败是不可避免的。奥运金牌得主玛丽·卢·雷顿（Mary Lou Retton）曾说:“达到那个目标是一件令人愉悦的事，但是为了达到目标，你必须克服失败，必须重新振作起来，继续前进。”

2.4.2 消极情绪

团队内部并不是所有人都能积极看待变革，很多人抵制或者试图逃避变革，而另外一些人则更加有力地挑战变革。当团队成员感受到变革的威胁时，就会产生消极情绪。看到别人的改变和成长会让一些人失去动力。他们认为自己落在后面了，所以就消极怠工，拖慢变革的进程，但这并不总是有意为之。对变革和风险的恐惧会使一些人变得麻痹。但卓有成效的领导者会试图安抚恐惧者，如果安抚不了，他们就会直面消极情绪，强调变革带来的好处。

2.4.3 失望

实事求是地说，在实施变革的过程中，很多事情都会出错，这让人很失望，那么你和你的团队对此会做何反应呢？面对失败，你们应当将其推倒重建，从失望中寻找一些积极的东西，至少每个人都要从中学到一些东西。

2.5 提高你履行承诺的能力

到现在为止，你知道变革中的斗争是真实存在的。领导你的团队克服障碍需要很大的决心，但仅有决心是不够的，因为变革不是一个一蹴而就的过程。意志力并不会带你顺利走过变革的全过程，你还需要履行承诺。这里有一些建议可以最大限度地提高你履行承诺的能力，并为你开辟一条前进的道路。

2.5.1 关注选择，而不是条件

一些领导者根据外在条件决定他们是否信守承诺。但随着外在条件的变化，他们对承诺的履行程度也在变。相比之下，那些将行动建立在内在基础上的领导者通常会专注于他们的选择。每一个选择就像一个十

字路口，是履行承诺还是违背承诺？这些十字路口有下面这些共同之处：

- 需要个人做出决定。
- 这个决定需要你付出代价。
- 你的决定会影响其他人。

你的选择是你唯一能够真正控制的事情。因为你既不能控制环境，也不能控制他人。专注于选择，然后诚实地做出选择，你就会坚定自己的承诺。这通常是成功与失败的区别。

2.5.2 勤奋而专注

没有什么比专注的努力导致的成就更能激发承诺。英国牧师威廉·凯里（William Carey）的故事是有关这个真理的一个很好的例子。虽然他只有小学文化，但是他学会了用6种语言阅读《圣经》，成了加尔各答（Calcutta）威廉堡学院（Fort William College）的东方语言教授以及一名优秀的《圣经》出版商，为超过3亿人出版了40种语言和方言的《圣经》。凯里把他的成功归功于“成为一个勤奋的人”。他这样描述自己：“我能辛勤地工作，这是我唯一的天赋。一旦有确定的目标，我就会坚持下去。我所有的成就都归功于此。”[3]

2.5.3 即使你不喜欢，也要做正确的事

如果仅仅依据个人喜好而去做应当做的事情，你不会遵守承诺的。我的朋友肯·布兰查德（Ken Blanchard）说：“当你对某件事情感兴趣时，仅仅是在方便的时候做这件事；当你承诺做某件事时，你不接受借口，只接受结果。”如果你拒绝向借口屈服，无论它们听起来有多好或者当时它们使你感觉有多好，你都会奋力前行。

2.5.4 永远追求卓越

很少有事物能像追求卓越那样更能激发人们的承诺了。这与完美主义不同，因为完美主义实际上会产

生对风险的抵制。因为目标明确，追求卓越会激发整个团队的斗志。这并不意味着你总能达到目标，但你会比以“足够好”为目标的领导者更有收获。当你需要为自己和团队设置更高的标准时，成功的变革就更加指日可待了。仅仅完成一项任务是不够的，还要努力做到精益求精，对此毫无捷径可言。

2.6 培养其他领导者

在艰难的变革时期，领导一大群人最好的办法是什么？任命其他领导者来分担工作量。如果你的团队没有其他领导者怎么办？那么培养他们成为领导者。投资于培养领导者比独自一人领导追随者获得的回报更大。你培养出的领导者越多，你的团队就越强大。团队的领导者越优秀，它的潜力就越大。每当你在提高团队中某个人的能力时，你就是在提高整个团队实现愿景的能力。当团队是由一些优秀的领导者在领导时，一切就变得更加顺利。

有多少次你在考虑给某个团队成员下达任务时曾

想着“我自己做会更容易些”。也许经常会有这种情况发生。为什么呢？因为这样会更容易些。自己独立完成工作往往比培养他人去做更快、更容易。但仅依靠自己的能力和时间去做所有的事是短视的想法！从长远来说，先花时间培养一批领导者，后期的回报一定会很大。帮助他人成为一名称职的领导者会比你想象的时间还要长、比你预料的还要困难。但当你这样做时，你本人、你的团队以及团队成员的潜力将会得到提升。当成功的领导者关注员工的发展并给予他们领导的权力时，他们将会更好地发挥所长，也同样会帮助那些和他们一起工作的人。

当新的领导者被培养出来后，他们会变得更擅长本职工作，而且还会帮助与他们共事的每个人也这样做。当新提拔的领导者开始与他们的员工建立关系时，他们会更好地对待员工，工作环境也会得到改善，而且随着经验的积累，这些新的领导者也会变得更有效率，能够帮助团队取得更大的成绩。随着更多优秀领导者的加入，团队目前的工作也会得到改善。扩大领导班子还可以提高团队的扩张力，让团队更有效地渡过艰难时期，并进行复杂的变革。

* * *

尽管我们有可能面临很多困难，但领导者的原则不会变。帮助他人成长会给领导者带来愉悦、满足和活力，还会给整个团队带来成功。大家都朝着一个清晰的愿景而努力，每个人都发挥自身的优势，为团队减轻负担。在你进行变革时，我强烈建议你创造一种团队精神，人们可以共同庆祝胜利，表达感恩，彼此忠诚，这是一个领导者所能获得的最美好的结果。

第3章

团队合作
加强关系并提升你的团队

任何一个成功的团队，无论是在艰难时期还是安逸时期，都会为了它的团队成员而加强团队合作。无论这个团队是一个小企业、大公司、体育团体、非营利组织还是家庭式作坊，都不重要。在组织结构上，你要与你的团队成员共进退。

一个团队所拥有的大部分东西都在贬值，如设施陈旧、设备老化、供给匮乏等。那么什么资产的升值空间最大呢？人力！他们只有在受到有能力的投资者的重视、推荐和培养并因此得到成长的时候，才会发挥最大的潜力，否则，他们就像无息存款，潜力再大，但是不能升值。欣赏你的员工，把他们作为你的最大财富，他们将会不断升值。

如果你想在艰难时期获得成功，你需要一个优秀的团队。你需要恰当的人在恰当的地方一起做恰当的事。作为领导者，你有责任促进这些事情发生。

3.1 建立人际关系

我认为很多人都不关心他们生活中的人际关系。他们只是任人际关系自然而然地产生而不是刻意为之。但拥有牢固的人际关系将会有助于你领导一个强大的团队，为此，你需要在与他人打交道时转换自己的思维方式。

作为领导者，你可能更愿意与你喜欢的或者能与你和睦相处的人建立关系而忽略其他人。然而，你这样做有可能会失去很多人。请记住虽然共同点会让我们的关系变得令人愉悦，但差异性能使人与人之间的关系更加有趣，这一点很重要。好的领导者能够很好地处理这些差异，并且利用它们为团队和组织带来利益。

这里有一些可以让你与你团队中的每个成员建立牢固关系的方法。

3.1.1 高度重视团队成员

如果你不关心他人，你就不可能把建立良好的人际关系作为你生活中最重要的事。曾是年度全国最佳推销员的莱斯·吉布林（Les Giblin）说的有道理：“如果你私下认为别人是个无名小卒，你就不可能让他在你面前自我感觉不错。”所以这个问题的解决办法是重视他人，期待每个人都做到最好。假设人们的动机是好的，除非他们证明并非如此。珍惜他们的闪光之处，给他们你的友谊而不是索要他们的友谊。这最终将成为他们的决定。

3.1.2 了解每个人

很多人关心他人，但是他们彼此不联系。在这种情况下，我认为是人们之间缺乏了解。如果你想要建立良好的人际关系，那么请记住下面几点关于“人”的真相以及为了弥补由这些真相产生的罅隙所采取的行动：

- 人们是缺乏安全感的……给他们以信心。

- 人们想要感觉自己是特别的……真诚地赞扬他们。
- 人们渴望更美好的明天……给他们以希望。
- 人们需要被理解……倾听他们。
- 人们是自私的……把他们的需要放在第一位。
- 人们容易情绪低落……鼓励他们。
- 人们渴望成功……帮助他们获得胜利。

当你能够理解人们，毫不在意他们的缺点并且帮助他们取得成功时，你就为良好的人际关系奠定了基础。

3.1.3 获得他人的尊重要首先尊重他人

我坚信每个人都值得被尊重，因为每个人都是有价值的。不尊重他人的人经常会伤害到自己，他们的结局往往都不会太好。先尊重他人是建立良好沟通关系的最有效方式之一。但这并不意味着你要求他人给予相同的回报。你要自己赢得他人的尊重。如果你能尊重自己，尊重他人，并展现你的能力，他人总会给你以尊重的。

3.1.4 把别人的议事日程放在第一位

太多的领导者认为所谓领导力就是以他们自己的议事日程为中心。但优秀的领导者会考虑他们员工的需求和愿望，在他们能力范围内，将员工的希望和梦想放在第一位。只要倾听并记住什么对他们是重要的，你就传达出了你对他们的重视。当团队的愿景和个人的梦想达成一致时，就会产生巨大的力量，每个人都是赢家。

3.1.5 致力于员工的成长

有些人把与他人的每一次交流看作是一场交易。只有在他们期望获得对方同等的回应时，他们才愿意重视对方。如果你想优先建立人际关系，你就要检查一下你的动机，确保你没有为自己的利益操控他人。重视他人最好的办法是……

- 挖掘他人的能力。
- 帮助他人发现自己的能力。
- 帮助他人提高自己的能力。

没有什么比得到别人的尊重和重视更能鼓舞人心。作为领导者，你要确保你的目标里包括认识到他人的独特之处并学会欣赏他人的不同之处。你需要让他们知道他们很重要，你把他们看作独立的人而不仅仅是员工。这种态度对员工会产生积极的影响，会加强你的领导力。

重视他人没有坏处。虽然它会花费你的时间和精力，但是当你重视他人时，你会帮助他们，使他们更有价值。如果你是领导者，当你的员工有目标、很满足、有效率时，你的团队就会变得越来越好，所以你是在帮助整个团队，整个过程会给你带来深深的满足感。

良好的人际关系会创造活力，它让人们之间的沟通更顺畅。当你花费时间和精力去了解他人并建立良好的人际关系时，一旦关系建立，你实际会得到更大的回报。在积极而又充满活力的环境中，人们更愿意全力以赴，因为他们知道领导者希望他们能做到最好。

3.2 建立一个更强大的团队

作家史蒂芬·柯维（Stephen R. Covey）曾断言：“领导者的基本作用就是建立一个互相尊重、互为补充的团队，在这个团队里每个优点都变得富有成效，每一弱点都变得无关紧要。”[4] 这是每个领导者都为之奋斗的理想——人们一起工作，取长补短，让团队变得更好。当你真正了解你的员工时，你就能确定他们在哪方面能为团队做出最大的贡献。花些时间了解每个团队成员（包括你自己）能够贡献的领域，弄清楚你们如何一起工作能让团队发挥最大效率。

将一群人发展成一个高效的团队不是一件容易的事。让所有人一起努力实现共同的愿景是一项挑战。有时这需要调动员工看看他们在哪些地方能做出最大贡献，这就意味着不断地尝试，不断地失败。作为领导者，你需要坦然接受。安排员工到恰当的位置是一个过程，你必须这样做。但如果你不这么做，你将永远不会帮助你的员工发现他的潜力，所以这绝对值得你付出努力。作为团队的一分子做有价值的事情是人生中最有意义的经历。作为领导者，你有机会帮助你的员工完成这个体验，不要在这个绝好的机会面前退缩。

花些时间了解每个人能做什么，评估他们现在的技能、潜力、投入程度、被激励的能力、纪律性和能承受的工作强度。只有这样你才能找到激励、发展、定位和装备团队最佳的方法。在这个过程中，你有可能发现有些人并没有把自己的能力发挥到极致。如果你领导的人没有充分发挥潜力，你就需要问问自己为什么。你是否把他们放在了他们最擅长的地方？你是否给他们提供了成功所需要的训练和资源？有没有什么是他们需要而你又没有给予的东西？在寻找问题所在之前，你需要确保自己不是问题所在。

很多人对自己的生活没有更高远的愿景，墨守成规，待在舒适区里对他们来说很容易，甚至对那些想要成长的人来说也是如此。作为领导者，你应当鼓励他们前进，挖掘他们的潜力。你不用担心他们的反应，他们每个人都要为此负责。但你可以为他们的成长做示范，鼓励、督促他们，并努力成为积极变革的催化剂。下面是具体的方法。

3.2.1 向他们展示美好未来的愿景

如果人们自己看不到美好的未来，你需要展示给他们。首先问他们一些问题：如果你能成为任何你想成为的人，你想成为什么？如果你可以做任何你想做的事，你会做什么？如果你知道你不会失败，你会尝试什么？看看他们内心的激荡。很多人在内心深处都有梦想，只需要一点点鼓励就能把梦想引出来。

3.2.2 按照他们可能的样子对待他们

如果你对周围的人是按照他们可能的样子而不是现在的样子对待他们，他们会是什么样的反应？如果他们长时间一直墨守成规，他们也许不会马上进行改变。你可能需要不停地鼓励他们，把他们看作渴望发挥潜力的人，我相信大部分人最终一定会改变的。试一试，积极地同他们谈论美好的未来，也许他们会努力实现它。

3.2.3 帮助他们赢得胜利

因为人们不相信自己能够成功，所以很多时候他们不愿意离开舒适区。作为领导者，你要主动帮助人们为成功做好准备并帮助他们取得胜利，这样他们才能自信，获得成功的经验。他们一旦取得胜利，就会利用这次胜利的经验来激励他们继续前行。

记住这是他们的选择，不是你的。你不能强迫人们发挥潜力，但你可以选择打开机会的大门，他们必须自己穿过那道门。如果他们选择了退缩，你最好把时间花在那些想要积极进取的团队成员身上。但有时他们所需要的只是一些鼓励。我们都有能力做得比我们认为的更多、更好。

3.3 创建一个团结的文化

如果你一直在等着领导你的团队成员，那么你需要改变一下与他们沟通的方式，走出你的办公室或隔间，主动与他们接触。努力了解他们，欣赏他们，鼓励他们，支持他们。你的目标是重视每一个人，并促进团队合作。下面是我的建议。

3.3.1 促进全身心投入工作

如果团队成员不能全身心投入工作，他们在激烈竞争中的表现就会不稳定。对工作的投入必须从领导者做起，然后蔓延到整个团队。如果你是领导者，成功的真谛不是赶着人们去工作，不是让人们努力去工作，而是让一群人一起努力工作，这需要对工作的全身心投入。

3.3.2 创造一个充满鼓励和支持的工作环境

团队合作最棒的一点就是你能让人站在你这一边。团队成员之间是相互扶持而不是分裂的，是很多人表达同一心声。但这通常在充满鼓励和支持的环境中才会发生，领导者们需要努力创造这样的环境。人们寻求认可和欣赏并以此为阶梯向上生长。鼓励大家花些时间想一想如何用语言真诚地赞赏别人，然后分享这些赞美的语言。人们对自己有信心，才能表现得更好，才会达到期望的高度。如果你看到了员工的闪光点，就要让员工知道你很重视他们，这会有益于员工，有益于团队，有益于你作为领导者。

3.3.3 逆境和失败是培养性格的机会

在顺境中，团队合作永远不会受到考验。当逆境来临时，你会知道你的团队表现得有多出色。它会让你认清自己，显示你的优点和缺点。我们通常不喜欢逆境，但事实上，如果你处理得当，失败就会变为宝贵的学习经验。作家兼文学批评家克莱夫·斯特普尔斯·刘易斯（C. S. Lewis）进一步发展了这一思想。他写道："上帝让我们经历人生低谷的目的是教会我们以其他方式学不到的东西。"我们明智的做法是在逆境中寻找机会，并且从逆境中学到东西。

3.3.4 提醒人们专注于团队

很多人生来愿意专注于自己。当你看到合影时，你最先寻找的人是谁？你自己！你如何判断它是一张好的合影？这通常取决于你在合影里有多好看。只有在你检查了自己的形象之后，你才开始看其他人的。团队合作要求我们专注于自己少一些，专注于团队多一些。你可以通过问自己“什么是对其他人最好的”来做到这一点。

3.3.5 守望相助直到实现愿景

想帮助团队成员，说是一回事，而真正贯彻执行并全程提供帮助又是另外一回事。在他们工作和进行团队合作的时候，与他们探讨帮助他们实现愿景的方法，然后一起制订帮助计划。当你在贯彻执行帮助计划时，你不仅是在帮他们，还是在帮你自己在团队中建立领导者的声誉和影响力。

3.4 让团队成员承担责任

任何时候你对所领导的人有意见时，无论是因为他们消极的态度、糟糕的表现、缺乏合作精神还是其他别的事，你都要马上采取一系列的措施，这些措施在任何情况下都是一样的。在我把这些措施呈现给你之前，我需要你回答两个问题：

> 这个员工能改变吗？这涉及能力问题。
>
> 这个员工会改变吗？这涉及态度问题。

问题通常与态度而不是能力有关。但是为了让这些措施顺利进行，当你要求一个员工有所改变时，对于以上两个问题的回答必须是“是的”，不能模棱两可。我认识一些能力超群但态度恶劣的人，也认识一些态度好但能力差的人。如果这个人有能力并且愿意改变，你就有可能成功。

3.4.1 尽快私下见面讨论他们的行为

如果你对某个员工有意见，请尽快解决它。私下与这个人会面，进行坦诚的对话。永远都不要带着怒气进行这些会面。如果你这样做，你成功的机会就会大大减少。

坐下来，非常清晰地列出问题所在，给出具体、明确的不良行为的例子。不要含糊不清，不要用别人转述的报告，不要把不良动机归咎于会面的员工，因为他们只会自我辩解。事实上，在谈话中假设他们的动机是好的，这样更有可能使他们愿意改变、纠正错误。一定要说明他们的行为如何对组织、团队或你产生了负面影响。

3.4.2　换位思考

我看人很准，但有时我还是会看错情况。由于对发生的事情有误解，我做出错误的假设，或者没有意识到漏掉了重要信息。有的时候环境（例如个人不幸）会引发员工不必要的行为，而这个员工需要的仅仅是帮助或理解。这就是为什么你不要带着火药味进去，因为你也许是错的。

3.4.3　设法达成一致

看一看员工在做出改变这一点上是否能与你达成一致。如果能达成一致，他们有可能是非常谦卑的，但这让他们敞开心扉去改变，这是理想状况。通常你可以帮助有这种态度的人。

如果你们不能达成一致，也许是员工的问题，我会告诉他们："我相信我是对的，这是你的问题。我要给你一周的时间来考虑，我们下次见面再讨论。"我希望他们给出自己真实的想法，他们也许会问问了解他们、能与他们坦诚相待的人。

一周之后，如果他们改变主意，我们就可以进行下一步，因为他们已经承担了责任。如果他们还不能与我达成一致，我就说："你也许不同意我说的，但如果你想继续待在这个团队里，你必须同意做出改变并遵循我的规则，我要让你承担责任。"

3.4.4 制订未来的行动计划并设定最后期限

不管对方是否认同你的想法，你必须为他们制订详细的行动计划，指出他们不能采取的行动或不能表现出的行为，并立即开始。如果有需要他们遵循的行动步骤，那么列出来并设定最后期限，要确保他们明白。如果必要的话，把你的要求写出来。如果你们不能就未来要发生的事达成一致，你们双方都会感到沮丧。

3.4.5 肯定对方的价值，承诺对他们进行帮助

在会面结束之前，你要让他们知道你很关心他们，并真诚地希望有一个积极的解决方案，告诉他们你将如何帮助他们。歌德（Goethe）建议说："对待人们就像他们应该成为的那样，你就会帮他们成为他们能够成为的人。"

有时领导者能给他人带来的最大价值是通过告诉他们真相，指出他们的成长空间，然后帮助他们改变。有些人在一份工作上干了好多年，都不能让领导和同事认可，而且从没有人告诉他们问题出在哪儿或者给予他们一个改变和成长的机会。作为领导者，你有帮助他们改变的机会。

与人们坐下来，告诉他们有哪些不足之处并不容易。没有人能保证他们会承认自己的问题或做出改变。也有可能你将不得不让他们离开。如果你很难做出这

个决定，那么就自我反问：“如果我当初需要雇新员工时，知道是现在这个情况，我还要雇用这些人吗？”

如果答案是“是”——留下他们。

如果答案是“否”——让他们走吧。

如果答案是“也许”——三个月后重新评估。

如果三个月后你仍然不知道答案是“是”还是“否”，那么答案一定是“否”。你的情感让你很难接受这一决定，但最终为了团队其他成员，你还是做出了这一艰难的选择，这是你作为领导者应当做的。

* * *

如果领导者认为他们应当高高在上、独立工作，而他们的员工应当在底层一起努力工作，那么他们的团队就不能充分发挥他们的能力。独立于员工的领导不会带来团队合作、创造力、协作或好的业绩。优秀的领导力是和他人一起领导而不仅是领导他人。它需要合作，需要包容，需要为了团队和团队的愿景而牺牲个人的野心。他人优先的原则会让你成为更好的自己。

第4章

动机
激励你的团队追求卓越

面对困境，很容易让人沮丧。人们会丧失信心，会对自己、对团队、对环境往最坏的方面想。让我们勇敢面对现实，领导者会带领自己的团队走出困境。他们会创造源源不断的能量，鼓励团队成员实现目标。在困境当中，无论前面的道路有多艰险，领导者的任务就是激励团队不断向前。领导者不仅有责任让自己的团队获得成功，而且还要激励团队无论在什么困难下都要追求卓越。

4.1 检查自己的动机

有人曾说："人们做事情都有两个理由——好的理由和真实的理由。"如果你要成为一个优秀的领导者，好的理由必须与真实的理由保持一致。你的动机很重要。领导者很容易失去工作的焦点，所以每天你都要检查自己的动机。

天生具备领导才能的人有能力轻易地利用这些才能获得个人优势。他们看待事物要比别人望得高、看得远。因此，他们享有把握时机、一窥全局的优势。这让他们能够充分利用机会。

如果我比你早预见有可能发生的事情，我就会比你早开始，这通常可以确保获胜。如果我比你见得多，那么我的决定就有可能比你的更好。我再一次获胜！所以问题不是“领导者比其他人更有优势吗？”答案是肯定的。紧接着的问题是“领导者会利用这个优势获得个人成功还是为整个团队谋福利？”这也是为什么领导者需要问一下自己是否真的关心他人，这会摒弃自私，让动机更纯粹。

质疑你的动机与质疑你的性格是不一样的。如果你性格不好，你的动机就有可能不好。如果你性格坚定，你仍然有可能成为不良动机的牺牲品。动机往往与特定的情境或行为息息相关。性格是建立在价值观基础上的。如果你在特定的情境下有了错误的动机，但是你的价值观是正确的，你的性格是坚强的，你就有可能察觉自己会在哪个地方出错，从而有机会及时更正。

4.2 将自己的动机作为示范

当领导并不容易。领导者每天必须保持清醒，领导他人之前先要自省。因为别人依赖他们，所以他们必须让内心保持热情。他们必须知道自己的目的地在哪儿，为什么去那儿，并且帮助他人到达那里。有些领导者就像父母那样犯错误。他们希望人们按照他们所说的去做，而不是身先示范。但问题是人们看到什么就做什么。如果你想要你的团队成员敬业、积极、高效，你就要示范这些特质。

花点时间列出你期望你的团队成员具备的特质，然后将你的个人特质与清单上的特质做对比。在你不达标的特质旁边写下行动声明，描述你该如何做才能具备你想要的特质。例如，如果你想让人们敬业，那么就写下“在我解决问题或执行任务时，直到它完成的那一刻我绝不放弃”或者“我会早来晚走，为团队树立榜样”。

太多的领导者与团队脱节。他们有一种“得过且过”的心态，这种心态让人疏远，而不是吸引人。相反，如果你有一种“我已经爱上这个了”的思维方式，人们会被你吸引，并且在与你接触时想尽力做到最好。

4.2.1　检查自己对工作的热情

你可以从以下三个方面保持精力旺盛：

1. **激情**：激情会赋予你两个重要的领导特质——活力和可靠度。当你热爱你所做的和做你喜爱的事情时，其他人也会备受鼓舞。

2. **原则**：成功的领导者忠于他们的原则——他们的信仰、天分和个性。他们不会试图采用不适合他们的领导风格。他们的领导风格是舒适的，反映他们真实的内在。你越了解自己，越忠实于自我，你不断获得成功的潜力就越大。

3. **实践**：成功的领导者每天都会做不成功的人偶尔会做的事情。他们每天都遵守纪律。他们完备成长体系，养成保持积极态度的习惯。这些事情至少能让他们保持个人动力。他们尽最大努力把每一天都过得精彩。

为了确定并实施你的日常习惯，试着从我所说的日常习惯开始：

就为了今天……

我会选择并表现出正确的态度。

我将决定重要的优先事项并采取行动。

我会了解并且遵循健康的指导方针。

我会与我的家人沟通并照顾他们。

我会练习并且培养良好的思维习惯。

我会做出并且遵守适当的承诺。

我会赚钱并且妥善理财。

我会深化并且实践自己的信仰。

我会建立并且经营稳固的人际关系。

我会为慷慨做计划并且做示范。

我会接受并且去实践良好的价值观。

我会寻求并且体验进步。

通过朝这些目标努力，你不仅会渡过难关，还会激励你的团队以你为榜样不断向前。

4.3 建立并且保持信任

作家兼牧师里克·沃伦（Rick Warren）说：“你可以从远处给人留下深刻印象，但你必须靠近才能影响他们。”当你这样做的时候，他们会看到你的缺点。但是沃伦强调：“领导者最重要的品质不是完美而是可信度。人们必须能够信任你。”

大部分人不想承认他们的错误、暴露他们的失误以及面对他们的缺点。他们不想被发现不完美。因为生活中的消极因素，他们不想与别人走得太近。作为领导者，他们坚信他们必须呈现出更大的实力，并隐藏自己的弱点。但是如果领导者试图与他们所领导的人保持一种表面关系，他们就不可能建立真正的人际关系。

为了赢得他人的信任，领导者必须是真诚的。他们必须承认自己的错误，他们必须坦率地对自己的过错负责，他们必须认识到自己的缺点。换句话说，他们必须是真实的。这对领导者来说是脆弱的地方。

信任是有效领导的基石。如果你对人们诚实，你就会收获信任。你收获的信任越多，你们的关系就越牢固。你们的关系越好，对方追随你的可能性就越大。这是一个需要时间、精力并用心建设的过程。

退役海军上将詹姆斯·斯托克代尔（James Stockdale）说："当危机来临时，人们信任那些他们认为值得信任的人——那些不置身事外而置身其中的人。"在艰难时期，人际关系是庇护所。在充满机遇的时代，人际关系是一个发射台。信任能使人们获得足够的安全感去进行创造、分享、质疑、尝试和冒险。没有员工的信任，领导地位会不稳固，更谈不上团队合作了。

这里有三种方法可以建立你和团队间的信任。

4.3.1 实行黄金法则

信任别人，尤其是一个你不太了解的人，需要很大的勇气。但实行黄金法则是一个很好的开始。努力用你希望别人信任你的方式去信任他们。卡米洛·本索·迪·卡沃尔（Camillo Benso di Cavour）说过：“信任别人的人比不信任别人的人犯的错误要少。”

4.3.2 重视他人

信任是双向的。如果你想让你的团队信任你，你就需要信任他们。这意味着你要足够重视他们，给予他们你的信任。在《成功管理：建立高绩效组织的6个防故障策略》（*Winning Management: 6 Fail-Safe Strategies for Building High-Performance Organizations*）一书中，沃尔夫·J.林克（Wolf J. Rinke）写道：“如果你不信任你的员工，你只有3%的时候是正确的。如果你信任他们，除非你的员工给你一个不信任他们的理由，你会有 97% 的时候是正确的。”[5] 这是相当不错的概率。

4.3.3 对自己的行为负责

如果你渴望获得他人的信任并且想要有所成就，你必须对自己的行为负责。一个有责任感的人会选择正确的而不是容易的事情。温斯顿·丘吉尔（Winston Churchill）把责任称为“伟大的代价”是正确的。责任还是机遇的奠基石。

虽然你无法控制别人是否信任你，但你能控制自己对他们的行为，你能决定自己给予他们的信任。

4.4 建立激励机制

当我开始领导别人时，我认为我能改变他们。但现在我意识到了我做不到这一点，人们必须自我改变。这并不意味着我对团队成员没有激励的责任，还有很多事情我可以做。我可以努力创造一种重视和奖励激励的环境和文化。以下是我做到这一点的方法。

4.4.1 从积极主动的人开始

建立激励文化最好的办法是尽可能挖掘出更多积极主动的人。《领导力 21 法则》中的吸引力法则指出："你是什么样的人就会吸引什么样的人。"如上所述，如果你想要团队里的人是积极的，你自己必须是一个积极主动的人。人们只做他们所看到的事情。我在期望别人怎样之前自己必须先做到。

你还应该聘用积极主动的人。这是显而易见的，但是你会惊讶地发现很多领导者在寻找团队成员时往往没有考虑到这一点。很多人更关注天赋或技能。甚至那些认为态度很重要的领导者有时也会忽略员工的积极性。然后他们就会疑惑为什么他们的员工不能表现得更出色些？

那么你该如何识别积极上进的人？他们通常有以下几个特质：

1. 他们表现出积极的态度。

2. 他们能清楚地说出自己人生的具体目标。

3. 他们是发起者。

4. 他们有成功的记录。

领导者在招募新的团队成员时要看看他们身上有没有这些特质。

领导者如果与员工联系紧密并且充分尊重他们的人格，那么员工就会受到鼓舞。如果你是一个善于与人打交道的人，这对你来说是显而易见的，但有些领导者会仍然忽略它。我曾认识一个领导者，他把自己团队的所有成员都称作“笨蛋”。他经常说“我告诉那群笨蛋要做什么，但是他们没有做”以及“我要给那群笨蛋开个会”之类的话。显然他认为每个人都要比他低一等。每个为他工作的员工都会感受到他对他们的蔑视。再也没有什么比为一个不尊重你的人工作更让人沮丧的了。

4.4.2 分享你的热情

如果你对你所做的事情充满热情，那么你需要与你的员工分享你的热情。领导者的热情是有传染力的。它会吸引其他有热情的人，并且在那些没有热情的人身上点燃热情的火焰。如果他们能够理解你的愿景并与你的热情产生共鸣，那么他们就有可能成为有热情的人。

4.4.3 绘制美好未来的蓝图

正如我说过的，一份工作对人们来说永远都不够大。他们想做更大的、更有价值的事情。人们想要有所作为。作为领导者，你的工作之一就是为他们绘制美好未来的蓝图，鼓励他们现在更努力地工作。告诉人们他们会成为什么样的人，向他们展示他们未来会做什么。所有这些都要真诚地贯彻执行，因为领导者从不想操纵别人，他们只是想帮助人们展望未来。

4.4.4 展示他们的角色如何发挥作用

人们常常不明白他们所做的事情对大局有何帮助。优秀的领导者会帮助团队成员了解他们的角色，帮助他们看到他们的贡献是如何发挥作用的。这让团队成员对任务有一种主人翁的责任感，激励他们更好地工作。

4.4.5 让每个人都有荣誉感

受到肯定的人往往做事情比他们想象得还要好。有一个方法可以向人们表明你相信他们未来会成功，那就是让他们拥有荣誉感。问问自己团队中每一个人的特别之处、独特之处和精彩之处。每个人都拥有天赋、技能和为团队创造价值的良好特质。弄清楚它们是什么，然后与其他人分享。你越是肯定人们所做的好事或者能做的好事，他们就越想去做。这不仅能激励他们发挥自己的优势，还能营造一个人们相互称赞的环境。

4.4.6 奖励你想要完成的事情

如果你想创造一个激励员工的环境，那么就给他们完成任务的理由。我喜欢那个推销员的故事，他坐在酒店餐厅，透过窗户看着外面，外面肆虐着一场令人目眩的暴风雪。

“你认为早上道路会被清理干净便于通行吗？”他问服务员。

“这要看情况，”服务员回答，“你拿薪酬还是提成？”

奖励具有激励性。规则、后果和惩罚只会阻止人们向最坏的方向发展，对于激励人们不断进步没有任何好处。如果你想让员工做到最好，那么就给他们绩效激励。

4.4.7 鼓励员工不断成长

尼尔森·杰克逊（H.Nelson Jackson）说过：“我不相信你可以用昨天的方法做今天的工作，还能在明天做生意。”这就是为什么我们需要让人们看到成长的价值。这无论对团队的生存能力还是个人的未来都是至关重要的。那些把成长作为目标的人——而不是头衔、职位、薪水或其他外在目标——总会拥有光明的未来。

4.5 保持动力

有些员工也许在开始的时候表现得很强劲、有野心、有创新性、有动力，但这种势头不会一直持续下去。如果你没有和他们建立并保持良好的关系，情况就更糟了。如果你不能有效地激励你的团队，他们通常会变成以下三种人之一。

4.5.1 时钟观察者

没有动力的员工是时钟爱好者，他们无时无刻都想要看到时钟。为什么？因为工作中的每一刻都是根据时钟来评估的。时钟观察者总是想知道还有多少时间才能下班，他们从不想在下班时间之后再工作片刻。但试想一下：当和你一起工作的员工迫不及待地想离开你时，一定有什么地方出了问题！

4.5.2 恰到好处的员工

有些人工作做得恰到好处——做得勉强可以、足以领薪水以及保住工作。对他们来说，最大的问题不是“我该做些什么才能成为一名优秀的员工？”而是“我必须做多少工作才能成为一名员工？”他们不会问“我怎样才能升职？”他们只会问“我怎样才能不被解雇？”他们不情愿地服从而不是承担责任。有些人花费大量精力想尽办法逃避工作。如果他们能用积极的方式承担对工作的责任就好了！

4.5.3 精神缺席者

在缺乏有效领导的环境中，总是有员工“人在心不在”。他们的出席只是为了领工资。这种工作态度蔓延下去，会对团队极其不利。当一个人工作心不在焉并且没有因此承担应有的后果时，其他人就会效仿他。当团队、部门或组织成员对工作付出很少的时候，工作业绩会平平无奇，团队的士气也会低落。

如果人们认为他们目前所做的工作只不过是一份领工资的工作，随着时间的推移，他们会变得非常沮丧。几乎同样令人沮丧的是你瞄准一个特定的职位或头衔，一旦你的目标达成你就认为自己是成功的。没有哪份工作是有前途的，只有人才有前途。如果人们不断成长、不断学习、不断拓展自己的潜力，他们的前途一定是光明的。如果不这样，未来就有太多的不确定性。这也是为什么我会经常提醒人们，明天成功的最大威胁是今天的成功。

如果你领导的员工已经适应了某一角色或职位，无论他们是因为待在舒适区，还是因为他们把工作仅仅视为一份工作，都要想办法让他们的目光放长远。提醒他们一份工作对一个人来说永远都不够大，因为我们内心有太多的东西。

4.6 通过鼓励不断增加动力

我还没遇到哪个人不喜欢鼓励、不从鼓励中获益。没人会因为太成功、太老、太有经验、太有教养而不欣赏别人的赞扬和鼓励。作为领导者，你有足够的力量激励员工。特蕾莎修女（Mother Teresa）说过："善良的话语可以简短且容易说出，但它们的回声是无穷无尽的。"你作为领导者可以对他人产生积极的影响。

人们享受来自同伴的肯定，但他们更重视来自领导的肯定。“我很高兴与你一起工作”“你为团队带来了不可估量的价值”，这些话从一个真正关心团队、部门或组织的最大利益的人嘴里说出来意义重大。

如果你想让人们积极、乐观，那么就鼓励他们。如果你成为团队成员的主要加油者，他们就会努力工作、努力达到你对他们的积极期望。试试吧，在未来两个星期，每天都对你的团队成员说些鼓励的话，然后观察他们的反应。这样做的结果不仅能使你的团队成员愿意与你一起工作，而且他们还会做得更多、更好。

所有这些事情都有可能帮助领导者激励员工全身心地投入工作，不再游手好闲。但是上述讨论都基于一个假设：你对自己的工作充满热情，这是至关重要的。人们不会追随毫无激情的号角，他们的热情不会被一个冷冰冰的领导者点燃。如果你本身就没有激情，那么你就是问题的最大部分，你要激励的首先是你自己。

* * *

西奥多·罗斯福（Theodore Roosevelt）总统经常

被引用的一句话是："最好的管理者是这样的人——他有足够的理智去挑选优秀的人去做他想让他们做的事，并且有足够的自制力在他们做事的时候不去干涉他们。"他所说的就是授权，让员工在没有你的帮助下做他们能够做的事，并且放手让他们去做。

当你相信你的员工时，你就会鼓励他们。充分利用你和团队一起的经验以及团队的成长，强调团队所取得的成绩，与团队一起庆祝他们的胜利，表达你对他们的关心。再也没有什么比你的信任更能让团队扬帆起航了。

第 5 章

策略
找到成功的新方法

精神病学家摩根·斯科特·派克（M. Scott Peck）说：“生活就是一连串的问题。我们是想抱怨还是想解决问题？”在艰难时期，套用爱因斯坦（Albert Einstein）的话，我们不能用制造问题的同一水平思维解决问题，所以领导者的策略是找到成功的新方法。

5.1 面对严峻的挑战

克服挑战的关键是用正确的方法解决它们。多年的经验使我了解到，困难会变得更好或更糟取决于你在面对困难时做什么或不做什么。首先，让我告诉你不应当做的事情。

5.1.1 不要低估挑战

由于我们对困难重视不足，很多困难不能得到解决或者不能有效解决。

几年前，我读过罗伯特·哈罗德·舒勒（Robert H. Schuller）写的一本精彩的书，书名是《难关总会过去，坚强的人永不放弃》（*Tough Times Never Last, but Tough People Do*!）。下面的段落帮助我作为一名年轻的领导者更加真实地认识自己和认识问题：

> 永远不要低估问题或者你处理问题的能力。你要了解你所面临的问题是千百万人曾经面临过的。如果你认真对待问题、重视自己尚未开发的能力，那么你解决问题的潜力就会是无限的。你对问题的反应和问题本身一样，将决定最终结果。
>
> 我见过人们以积极的心态面对最高级别的灾难性问题，并将这些问题转化为富有创造性的经历。他们把伤痕变成了星星。[6]

当我第一次读到这些段落时，受到了启发。它使我相信人的能力大小比问题的大小更重要。

5.1.2 不要高估挑战

赛·扬（Cy Young）是美国职业棒球大联盟最伟大的投手之一。在他的职业生涯结束后，他评价教练们一旦发现比赛有麻烦的迹象，就会倾向于让首发球员退出比赛。他说："在我们那个时代，当投手在比赛中遇到麻烦时，教练不会让他退出比赛而是继续让他待在场上，自己投球解决问题。"有的时候问题并不像我们想得那么大，通过解决，我们可以让它变得越来越小。

5.1.3 不要坐等挑战自己解决

这一条引出了我学到的关于挑战的下一个教训，你不可能坐等问题自己解决。如果你在解决问题的时候，尽你所能解决问题，那么耐心就是一种美德。但如果你仅仅是在等待，希望问题自己迎刃而解或者自动消失，那么耐心也就不是美德了。

问题需要我们给予关注。为什么？因为对问题置之不理，它们就会变得更糟。20世纪90年代末执掌麦肯·埃里克森广告公司（McCann Erickson）的妮娜·迪赛萨（Nina DiSesa）说过："当你进入一个需要扭转的局面时，你可以放心地假设四件事情：士气低落、恐惧高涨、优秀的人正在离开以及懒惰的人躲了起来。"这些事情本身不会自行好转，需要积极的领导者有意识地解决它们。

5.2 做这些事

相反，在面对挑战制定策略时，你可以做这些事。

5.2.1 直面挑战

击倒你的那一拳不一定是最硬的，但的确是你不曾预料到的。作为领导者，你必须正视挑战，不管它有多可怕，你都要正视它。

5.2.2 理解挑战

我无论什么时候制定策略，都要先搜集信息，了解人们的经验和观点。这个过程有助于我更好地了解正在发生的事情以及每个人的想法。

有时我发现我们所面临的挑战并不是我们想的那样，我们所关心的问题实际上根本就不是问题。当你面对挑战时，让整个团队目标一致、共同行动才是最重要的。

5.2.3 评估挑战

一旦你尽职尽责调查完信息，你就要问问自己："挑战是什么？"你能看出挑战的本质吗？

你要问的第二个问题是"参与者是谁？"这些与挑战相关的人员是否使它多少变得难处理了？

当你评估挑战时，试着保持自己的观点，并且始终牢记最终目标。当我在印第安纳州南部居住时，我看到农场栅栏上的一个标语准确地表达了这一想法，这个标语写着"如果你要穿过这块地，你最好在 9.8 秒内完成，因为公牛可以在 10 秒内完成。"

5.2.4 重视挑战

重视挑战对很多人来说是违背直觉反应的。大多数人会把问题视为麻烦并且尽量避免它。但如果我们对问题采取正确的态度，重视问题，我们不仅会更加努力地解决它，而且还会从问题中学习，获得成长。请记住，挑战与机遇是同时并存、相辅相成的。如果我们能学会重视这一事实，我们在生活中就会有真正的优势。

5.3 愿意承担风险

当你在艰难时期制定新策略、面对个人挑战以及作为变革推动者工作时，你将不得不承担风险，你的团队也会如此。正如诺贝尔奖得主威廉·福克纳（William Faulkner）所说："除非你有勇气离开海岸，你才会游向新的地平线。"

当你准备管理制定和实施制胜策略所带来的风险时，请将下面几点记在心上。

5.3.1 现实是你艰难时期的朋友

商人兼作家马克斯·德·普雷（Max De Pree）曾说：“领导者的首要任务是认清现实。”这对于任何想在艰难时期取得成功的人来说都是如此。

由于这涉及承担巨大的风险，你不能依靠炒作或一厢情愿的想法，因为这些东西经不起风险的考验。你需要弄明白你正在处理的问题是什么，预估一下最坏的情况并且正视现实。

在评估风险时你如何正视现实？问问自己下面几个问题：

还有谁这么做了？

这样会有多糟糕？

这样会有多好？

我能冒一下险吗？

犯错的空间有多大？

过去的经历会被认可吗？

有足够的动力成功吗？

我相信自己吗？

我相信我的团队吗？

你问的问题和回答的问题越多，你就越能更好地权衡和判断这场冒险是明智的还是愚蠢的。

5.3.2 优秀的领导者要学会在舒适区以外同样感到轻松

风险很少令人感到轻松自在，它需要我们走出舒适区。然而坐拥风险是为了让我们做出改变并且制定制胜策略。那么你该如何处理这个问题？对我来说，我所做过的任何有价值的事开始的时候都会吓得我要命。第一次演讲？吓得我不敢相信。第一次董事会会议？吓得我不敢动。第一次主持婚礼？我差点儿晕过去。我的每个第一次表现都不太好，我总是害怕极了。

我喜欢写作大师史蒂文·普莱斯菲尔德（Steven Pressfield）说过的话："业余爱好者认为他必须先克服恐惧，然后才能工作。专业人士知道恐惧永远无法克服。"既然你不可能战胜恐惧或对它感到舒适，那么你就要学会面对它。我称之为舒适区以外的舒适。

5.3.3 优秀的领导力给你更大的成功机会

我最为人所知的一句话也许是：“一切的兴衰都取决于领导力。”这一点在风险时期表现得最为明显。领导力的大小与风险的高低成正比。如果你想尝试一些困难的事儿，你就需要良好的领导力。你要么自己领导，要么找一个合作伙伴协助你领导。如果你想尝试一些重大的事情，你就会需要更多的领导者。没有卓越的领导力，任何伟大的尝试都注定会失败。

5.3.4 风险越大，你就越需要别人的帮助

虽然在面对挑战期间，梦想着战胜挑战的可能性让人心情愉悦，但现实会让我们忍不住大喊“救命”。风险越大，我们就越需要帮助。要想成功，你不仅需要帮助，还需要合适的人提供合适的帮助。那么合适的人有什么特点？

1．他们喜欢挑战

多年来我一直认为胜利者欢迎挑战，抱怨者回避挑战。当你为某件大事展示愿景时，它既是一个黏合剂又是一个分离器。能力强、喜欢挑战的人会聚集到你身边，胆小的人会选择离开。愿景的大小决定了参与人格局的大小。你想吸引有大格局的人吗？向他们发出挑战的邀请。

2．他们喜欢大冒险

纳尔逊·曼德拉（Nelson Mandela）说过："在小的冒险中找不到生活的激情——这远远低于你能够获取的生活，而你却偏安于此。"我知道有些人认为大冒险是危险的，但你知道更危险的是什么吗？永远都不冒险。当你什么都不做时，就什么好事都不会发生。

3．他们对自己诚实

当你在艰难时期承担巨大的风险和应对挑战时，你会希望你的团队成员了解他们自己，诚实面对他们自己。他们要知道自己能做什么，并且了解其中的风险。作为领导者，你要确保他们知道这些事。无论你的领导责任大还是小，你在承担风险时都会需要帮助。寻找志趣相投、愿意接受挑战的人来帮助你，这将会大大提升成功的可能性。

5.3.5 冒险总是需要个人勇气

作家阿娜伊斯·宁（Anaïs Nin）说："生活的缩小或膨胀与个人的勇气成正比。"如果你希望在艰难时期获得成功，你需要愿意承担更大的风险。你需要愿意独自一人承担风险。你需要鼓足勇气去做其他人也许不会做的事——不仅是为了做一些大胆而又冒险的事，而是因为你能看到你的组织或团队的潜在回报。

明智冒险的好处是它不仅会扩大你成功的可能性，还会鼓舞其他人与你共同努力。人们会追随有勇气的人。当有人一开始就愿意站出来面对挑战，他就会赢得尊重和信赖。其他人最终会欣赏他的勇气而愿意团结在他的周围。

人们常说，如果你的生活中没有风险，你就一定会安于现状，不愿走出舒适圈。对于领导者来说，风险是战略挑战的重要组成部分。

5.4 追求制胜策略

我的朋友兼同事保罗·马蒂内利（Paul Martinelli）是一位出色的战略思想家。他喜欢挑战，在他的一生中，他形成了一套奇妙的方法，这使他非常成功。我想与你们分享保罗的法则。它们可以被应用到任何你能叫上名字的挑战中，无论你是领导一家企业、一个非营利组织、一次房屋改造还是一支运动队。如果你希望增加成功的机会，那么请记住以下几点。

5.4.1 想象美好的结果

史蒂芬·柯维（Stephen R. Covey）在他的《高效能人士的七个习惯》（*The 7 Habits of Highly Effective People*）一书中建议，我们始终要以终为始。保罗进一步发展了这个想法，他称之为“创建一个完美的心理模型”。他不仅要知道他的目标，他还要用尽可能多的细节来想象完美的结果。

你对于自己想要完成的事情有愿景吗？你为自己要达到的目标建立了完美的心理模型吗？如果没有，你需要行动起来，这是你的起点。尽可能多写些细节。结果会是完美的吗？不会，但这个过程是你要开始的地方。

5.4.2 在你知道如何实现愿景前就着手工作

在你想要完成某件事时，你必须对你要做的事情有个愿景，而且在结果不确定的情况下还愿意采取行动。你不仅要开动脑筋，知道你的目标是什么，还要采取有效的行动。你要心甘情愿地迈出这一步，也许是一小步。

大多数人想从一个大胆的、确定的飞跃开始。他们想要一个巨大的开端，一个巨大的飞跃，但巨大的飞跃是罕见的。如果我们愿意迈出一小步、十小步、一百小步，那么我们以后就有机会跨出一大步。在别人看来这也许是一夜之间的成功，但我们知道这是许多小成功之后的结果。除非你愿意迈出这不确定的第一步，否则你不会实现这些目标。

5.4.3 快速失败、先失败和经常失败

这下一步似乎也与追求完美结果的想法背道而驰。只有愿意失败，你才能获得进步。这是保持事态进展的最佳方式，这在面对挑战时很重要。

你愿意失败吗？你愿意不断失败吗？你愿意从失败中获取经验吗？这是你制胜的必经之路。

5.4.4 停止做你不擅长的事情

如果你不再做你不擅长的事情而是专注于你所擅长的，你就会大大获得成功的机会。想办法让你的团队专注于那些高回报率的事情，摒弃那些没有回报的。

5.4.5 每天关注你的团队

你的团队成员决定你是否会成功。他们离行动最近，知道正在发生什么，最有可能识别出什么是有效的，什么是无效的。因此，要有意识地与你的团队成

员保持联系。

要想做到这一点，你可以光顾他们的工作间，巡视大厅，与员工吃饭，带他们参加活动等。那些与你关系紧密的员工决定你的成功程度，所以要维护和发展好这些关系，尽可能提升他们的价值。

5.4.6 每天都要做决策，促进自己和团队的发展

我们将在最后一章深入讨论决策制定问题，所以在这里我只简单介绍一下。当你开始做小的决策而又没有万无一失的计划时，你需要不断做出调整。在制定决策的早期阶段，你要看看它们是贴近还是背离愿景，而不是看决策的正确与否。当涉及与性格和道德相关的决策时，是的，这有对错之分。但当涉及与生产率、业绩相关的决策时，就没有对错之分了。某项决策的成功或失败，或让你前进或让你后退。如果你养成了迅速做决策、尝试新事物的习惯，然后评估它们是否能让你前进，并根据需要进行调整，你就会在艰难时期取得进步。

5.4.7 不断地评估什么更有效

成功的领导者总是努力变得更好，努力寻找更好的做事方法。他们因自己的不断提升而备受鼓舞。保罗·马蒂内利（Paul Martinelli）说："我们生活中有三种选择。我们可以是历史学家、记者或未来学家。历史学家想要提醒我们过去所发生的一切并且希望通过它筛选未来的事。记者关心当今的条件和状况，事实就是如此。未来学家关注还未发生的事情。他说：'我们有更多的事情要做。我们能做得更多。我们可以扩展我们的能力。我们还有更多的潜力可以利用。'"

你唯一能控制的时间就是现在，你改变不了过去，控制不了未来。但是你可以选择现在的行动使未来变得更美好。哈佛大学的爱德华·班菲尔德（Edward Banfield）教授在他的《凡间之城》（*The Unheavenly City*）一书中证实了未来焦点问题的重要性。他称之为"长远眼光"，并表示根据研究，这将比家庭背景、教育、种族、智力、人脉以及其他任何单个因素更能准确预测上升中的美国在社会、经济方面的变化。要继续前进，就要考虑未来，但现在就要行动起来。

* * *

所有领导者都面临着挑战，无论他们在生活中的地位有多高，记住这一点很重要。例如，通用电气前首席执行官杰夫·伊梅尔特（Jeff Immelt）在9·11恐怖袭击后说："我担任董事长的第二天，我租的一架飞机，用我制造的发动机飞行，撞进了我投保的一栋大楼，上面覆盖着我拥有的网络。"这就是你所说的领导者艰难的一天。

你所面临的挑战也许没有伊梅尔特那么困难或糟糕，但每一位领导者都曾在某个时刻面临战略挑战。只要有开阔的视野、有正确的心态、愿意冒险、有策略、有好的团队，你就能应付自如，取得成功。

第6章

沟通
让所有人步调一致

大多数领导者在考虑沟通时，都会把注意力放在表达愿景和指明方向上。但沟通远不止如此，尤其是在艰难时期。现在很多职场人士都认为自己像机器一样，并为此感到士气低落。他们认为自己为其工作的领导者和组织对他们不够尊重，这在未来不确定的情况下尤为如此。

要解决这个问题，就要与员工沟通，与他们联系。问员工问题，并认真倾听，把沟通看作双向交流而不是个人的独角戏。这样不仅会提高团队的士气，还会充分发挥员工的能力，你将会享受和他们一起努力工作、获得成功的喜悦。

6.1 认真倾听

我相信大多数领导者更擅长谈话而不是倾听。我在成为领导者的初期就是这样做的。我一心想把我的愿景传达给他人，并确定他们理解我的计划。我希望交流单向进行——从我到他们，结果很少有人相信我的领导能力或我的愿景。我并没有意识到获得愿景认同的道路是双向沟通，这意味着我必须学会如何以理解为目的进行倾听。

作为领导者，我们常常固守自己的观点，并且花大量的时间试图说服别人相信自己的观点，而不是倾听他们的看法。我们经常对别人做出错误的假设：

- 我们相信我们擅长的事情，别人也擅长——他们实际上并不擅长。
- 我们相信让我们充满活力的事物，也会让别人充满活力——事实并非如此。
- 我们相信别人和我们看待大局的方式是一样的——实际上是不一样的。

倾听并理解员工的领导者能够搜集信息，对假设进行质疑，从而修正对待员工的方法，这会让他们更高效地带领团队。更重要的是，没有偏见的倾听对团队成员来说意义重大。

6.1.1 认真倾听表明你重视别人

作家兼教授大卫·W.奥格斯伯格（David W. Augsburger）说："被倾听和被爱是如此接近，以至于对普通人来说它们是难以区分的。"这是真的，当你倾听别人时，你就向他们传达了你关心他们和重视他们的信息。

6.1.2 认真倾听有重大意义

说服别人最好的方法之一就是认真倾听。这也许有违常理，因为我们期望通过说话来说服别人。当领导者倾听团队成员的意见时，这一行为会给领导者带来更高的可信度，从而产生更大的影响力。相反，当团队成员不再相信他们的领导者会倾听他们的想法时，他们会开始寻找愿意倾听的人。

6.1.3 认真倾听有助于学习

有时人们需要通过讨论来弄清楚一个问题。当你只是倾听他们的想法而不发表任何意见时，他们就会继续思考下去。也许不用你发话他们就能想到解决问题的最好办法。作为领导者，通过倾听而不是发表意见就能让自己的团队找到问题的答案，没有什么比这更让人满意的了。我能给予人们最好的礼物之一就是倾听。

6.2 你的听力有多好?

我必须承认我并不总是一个好的倾听者。我说得太多、听得太少。我有快速解决问题的办法，并且非常渴望把它分享出去。但是这种态度对我不利。我会因为没有倾听而损害与别人的关系，我因此也不会得益于别人的建议和想法。

我在这方面已经有所改进了，但我仍然需要谨防说得太多、听得太少。如果你也需要这样做，那么下面我为了随时保持认真倾听而列出的问题清单也许会对你有所帮助。

6.2.1 我有开放式的倾听策略吗?

海波特大学校长尼多·库比恩(Nido Qubein)认为:“我们绝大部分人都患了‘计划焦虑症’,认为我们向别人传达我们想要说的话比倾听别人要对我们说的话更重要。”你是这样认为的吗?我是这样认为的。我必须承认我花了很多年的时间来减缓我生来就愿意指挥别人的倾向。我是如何做到的?作为领导者,我先倾听,然后再领导。

6.2.2 我打断你了吗?

打断别人是没有礼貌的,是态度问题。主观意识强或拥有清晰愿景的人愿意开门见山,会打断、忽视别人说的话。但问题是,打断别人说话可以被理解为“我想说的话比你说的更重要”。

6.2.3 我需要听的是我想听的吗?

有成效的领导者鼓励别人并建议他们学习倾听,即使那些不是他们想要听的。马克思·德·普雷(Max

De Pree）说过："领导者的首要职责就是弄清现实。"这只可以在领导者愿意倾听和面对事实的情况下实现。

6.3 营造一个广纳意见的氛围

一个睿智的领导者曾告诉过我："在你试图纠正事情之前，要确保你所看到的是正确的。"他的建议让我明白大多数误解都是由于人们有不同的假设而产生的。我们可以通过征询意见来纠正错误的假设，防止沟通不畅。

营造一个人们可以畅所欲言的氛围可以提高士气、产生积极的影响。下面是你可以做到这一点的方法。

6.3.1 重视每一个团队成员

当领导者在征询员工意见并认真倾听时，他们就表明了他们重视团队中的每一个人。山姆·沃尔顿（Sam Walton）说："询问和倾听他人的意见比告诉他们'干得好'更能对他们产生影响。"

6.3.2 重视问题胜于重视问题的答案

问题会引发思考和讨论，这个过程通常比答案更有价值。

6.3.3 重视自己团队的潜力

当我与团队坐在一起时，我做的第一件事就是排除职位的优越感和差异。比起职位或头衔，我认为贡献更重要。

6.3.4 重视好想法的改进

伟大的想法是几个好想法共同作用的结果。让在座的每个人都知道，最好的想法是你们所有人都会接受的想法。

作家 C.S. 路易斯（C. S. Lewis）说过："要想成为智者，比较好的办法就是生活在智者的圈子里。"你可以通过营造一个广纳意见的良好氛围来实现它。

6.4 提出恰当的问题

倾听对于领导者来说固然重要，但如果他们提出的问题不恰当，他们就会得不偿失。我经常向我的团队征询意见，这在我的领导生涯中已经成为常态，它既可以一对一也可以在团队中自动进行。我的团队受到这些问题的启发。我和自己团队的主要成员——琳达·埃格斯（Linda Eggers）、查理·韦策尔（Charlie Wetzel）、斯蒂芬妮·韦策尔（Stephanie Wetzel）、马克·科尔（Mark Cole）、大卫·霍伊特（David Hoyt）和我的妻子玛格丽特（Margaret）——一起工作来确认我经常向团队提出的问题。下面的问题没有按照重要性排序，但每一个都很重要，因为它们界定了我们的团队。

6.4.1 你觉得如何?

我每天要说这句话好多遍，每天不时地征询别人的意见有几点好处，包括……

1．搜集信息

我相信领导者比其他人视野更广阔、更有前瞻性，但他们显然并不了解一切，所以，通过问询其他人的所思所想，领导者能够搜集额外的信息以便更好地了解正在发生的事情。

2. 确认你的直觉

在我们擅长的领域，我们都有直觉。如果你认为你知道某事，但你又不确定这件事为什么会这样，那么问问你信任和尊重的人，他们的回答通常能表达你的感受、确认你的直觉，让你更加坚定地展开计划或者做出决定。

3. 评价某人的判断力或领导力

当新的成员加入你的团队时，你要问问他们的想法。这会有助于你了解他们对团队的理解是否正确。这是评估人的思维和观察能力最快的方法。

你作为领导者的工作之一就是把这些零散的信息拼凑完整以便你能做出正确的决定。

6.4.2 你需要什么?

如果你不询问你的团队成员你如何为他们服务，

你有可能会阻碍他们的发展。为了找到答案，你可以单独去问每一个团队成员："我能为你做些什么，让你的工作更轻松、让你更成功、让整个团队变得更好？"认真倾听他们的回答，中间不要打断，然后试着找出你能为他们服务的办法。

6.5 你在讲话时，要诚实并乐于助人

现在我们将继续讨论对绝大多数人来说能定义沟通的方面：讲话。但现在你知道了，讲话应该在倾听和提问之后进行。当轮到你发言的时候，你要把鼓舞团队成员、帮助他们做到最佳作为你的目标。在一个团队、一个部门或一个组织中，领导者比任何人都更能定下谈话的基调。他们的态度富有感染力。如果他们是积极的、鼓励的，对不同的观点持开放态度，他们的员工也会这样。如果你想让你的话语引起共鸣并产生效果，那么就要认识到它们的影响力，并利用它来造福每一个人。

鼓舞他人并不意味着只关注肯定的一面。仅仅因

为你关心别人并不意味着你不去纠正他们工作中的错误。如果你关心别人，尊重他们，并与他们建立积极的关系，你实际上会有更多的机会与他们进行艰难的对话，这将有助于他们成长并表现得更好。

每个人在工作中都会遇到问题，犯错误，你在艰难时期的工作尤其如此。作为一名领导者，你有责任也有特权帮助他们渡过难关，变得更好。如果你想以领导者的身份帮助别人，你需要愿意进行艰难的对话。

6.6 平衡关心与坦诚之间的关系

最有成效的领导者在帮助别人前进的同时，还善于保持关系。他们要做到关心与坦诚相平衡。付出关心但不坦诚会造成关系失调，坦诚但不付出关心会造成关系疏远，所以关心与坦诚相平衡会有利于关系的发展。下面是关心与坦诚如何通过沟通来促进团队的成功和发展。

6.6.1 关心重视人，而坦诚重视人的潜力

关心别人表明你重视他们，这是稳固关系的基础。但如果你想人们变得更好，你必须坦诚地指出他们需要改进的地方。这表明你重视他们的潜力，这需要坦诚。

坦诚的秘诀之一就是所思、所说和所行都要考虑这个人有潜力成为什么样的人，并且思考如何帮助他达成目标。如果你对他人坦诚但同时关心他们的利益，那么这就好比外科医生的手术，它也许会疼，但它会对身体有帮助，不会有害。

6.6.2 关心促进关系建立，坦诚促进关系范围扩大

共同的立场和互相关心有助于人们建立关系，但扩大关系范围需要坦诚和开放式交流。我所认识的绝大部分领导者在知道他们要进行一场艰难的谈话时，都尽量去回避。他们回避的原因有两个：要么他们不喜欢对抗，要么他们害怕自己会伤害他们需要与之交谈的人。但如果领导者能够在关心和坦诚之间取得平衡，他与团队成员之间的关系就会得到巩固和加深。

对于坦诚的对话，并不是每个人都能给予恰当的回应。我们要正视它：诚实会伤人。有些人在你批评他们时会保持缄默，另外一些人会离开，到别处工作。然而，如果你们之间有坦诚的对话，你就给了他们一个改进的机会，他们也因此会坚持下去，逐渐成长。

6.6.3　关心促进关系的界定，坦诚决定关系的发展

人们互相关心并不意味着他们可以共同去做任何事情。领导者的责任就是让团队成员一起行动去完成一个共同目标，这往往需要领导者坦诚对待员工。退役陆军上将、前国务卿科林·鲍威尔（Colin Powell）指出："优秀的领导者需要对团队的福利负责，这就意味着有些人会对你的行为和决定感到不满。如果你是正直的，这是不可避免的。"如果你想要领导好别人，你需要愿意坦诚地指导他们。

优秀领导者的底线很清楚，必须兼具关心和坦诚，二者缺一不可。所以，为了帮助你保持二者间的平衡，我创建了一个关心和坦诚的清单，用于与人合作。在

进行坦诚的交流之前，你要确保对下面问题的回答是肯定的。

- 我是否在这段关系中投入足够多的精力来对这个人坦诚？
- 我真的重视这个人吗？
- 我确定这是这个人的问题而不是我的吗？
- 我确定我不是因为受到威胁而发表言论的吗？
- 问题比关系更重要吗？
- 这样的对话是否明显符合这个人的利益而不仅仅是我的利益？
- 我愿意投入时间和精力帮助这个人进行改变吗？
- 我愿意向这个人展示如何做事而不仅仅是说什么事情错了吗？
- 我愿意并且能够设定明确、具体的目标吗？

如果你对上述问题的回答是肯定的，那么你的出发点也许是对的，你就更有可能进行有效交流。

与团队成员进行坦诚的交流是领导者的责任，必须采取正确的态度和正确的方式进行。当一名员工被雇佣完成某项工作却没有完成时，团队和组织的利益就会受到损害。那么这就是领导者采取行动，与员工进行坦诚交流的时候了。这场交流会很难，但从长远来说，这不仅对组织有益，还会有助于员工知道问题出在哪儿。

下次当你发现自己处在一个需要进行坦诚对话的境况时，请记住以下这几点：

- 迅速行动——趁坎还小，马上铲平。
- 行动冷静，不要带有怒气——利用上面的关心与坦诚清单。
- 秘密进行——你想要帮助别人，而不是让其难堪。
- 谨慎进行——尽可能将难堪或威胁降到最小。

如果你的目的是帮助个人，提升团队，实现团队的愿景，那么这点就是你作为领导者应当走的路。

当你和别人一起工作进行坦诚对话时，请允许我再提醒你一件事：坦诚是双向的。如果你想成为一个卓有成效的领导者，你必须允许你的团队成员对你坦诚。你必须对他们的坦诚给予反馈。你必须成熟、冷静、毫无异议地接受他们的批评，并且从中学到东西。

如果你在意你的员工，你就会想要以一种对他们有帮助的方式对他们坦诚。如果你发现自己团队中的某个成员犯错误或在某方面做得不够好，你要立即与那个成员进行坦诚对话。按照关心与坦诚清单上的建议来做，确保你采用的方式是正确的。记住，只要按照黄金法则来进行，就很难出错。

6.7 竭尽全力使复杂的事情变清晰

优秀的领导者从不认为他们的团队成员理解他们传达的信息，他们不认为任何事情都是理所当然的，这在艰难时期尤其重要。不要认为你的团队知道你所知道的或者相信你所相信的。不要认为他们都明白他们的天分和努力应该如何为团队的使命做贡献。沟通不畅会导致目标不清晰，从而会产生草率的行动。成功的领导者会将团队每日的目标与团队的愿景简单地联系起来。他们能清晰地阐明团队短期目标和长期目标之间的关系。通过目标明确的交流，领导者能够持续不断地为团队指引方向。

6.8 从一个清晰而引人注目的愿景开始

你所传达的愿景要简单而明确，广泛而具有挑战性，要与团队的价值观一致。它主要关注结果而不是过程中的细节，它要与团队的天赋相匹配。当愿景被理解时，整个团队就会充满能量。为了有效地传达愿景，要确保它简单而清晰地做到以下几点。激励团队行动的愿景需要……

6.8.1 界定成功

在我领导过的每一个团队中，我发现有必要向那里工作的人界定或者重新界定成功对他们意味着什么。

如果团队成员不知道团队的发展目标是什么，它该如何取得成功？

6.8.2 描述每个人在团队获取成功中的作用

除非运动队中的队员都清楚地知道在比赛结束时自己团队得分要比对方高以及他们在这一过程中所起的作用，否则这个团队无法取得成功。成功的领导者要解释、阐明和重申每个团队成员如何帮助团队获得成功。他们还要在人们犯错误或者没有努力履行自己的职责时给予纠正。当团队成员明确他们的任务以及这些任务与目标的关系时，他们就有了出色地完成工作以及帮助每个人获得成功的法宝。

6.8.3 分享评估成功和庆祝成功的方法

如果你想要鼓舞你的团队成员获得成功，那么就要向他们传达如何衡量他们的努力、如何庆祝他们大大小小的胜利。然后要确保落实这些庆祝活动。要随时和他们分享你的胜利，尽可能多地赞扬他们。这不仅会鼓舞他们，还会帮助他们享受整个过程。

好的领导者先传达团队的愿景，然后不断地提醒团队。他们没有只说不做。他们会通过自己的行动来传达愿景。这种对愿景进行示范的方式会帮助人们用从未有过的方式来理解和接受它。当追随者们看到领导者的成功示范以及目标实现时，他们就会对实现愿景有更清晰的认识。

卓有成效的领导者会不断努力让人们理解和拥护胜利的愿景。他们分享并完善团队成员实现愿景的方法。他们宣布并庆祝每一次胜利。这鼓舞了团队成员，验证了他们的努力，使愿景变得更清晰。随着信心和技能的增加，从事工作的员工认识到他们实际完成的工作比他们认为的还要多、还要好，这会促进愿景的实现。

* * *

在艰难时期，沟通也许是领导者最重要的技能，其他一切事情都取决于它。如果你不能传达好变革的原因和方法，那么你就无法成为变革的推动者。如果你不知道如何有效地倾听和发问，你就无法制定合作策略。良好的沟通会打开心扉，让你的员工更加信任你，更加相信你会帮助他们。良好的沟通会鼓舞和促进人们努力获得成功，因为他们享受这个过程，知道成功会使每一个人受益。

第 7 章

决策
让每个人都保持在新的轨道上

领导者面临最大的挑战就是做出影响他人的决策，在艰难时期你会面临更多这样的决策。每天都为他人做决策并且相信会产生好的结果，这是很困难的。一些领导者宁愿像法国大革命时期的那位领袖一样行事，他曾说：“我的人民走了。我要弄清楚他们要去哪儿，这样我才能领导他们。”

为团队做决策是痛苦而艰难的。但是为了带领团队度过艰难时期，你必须愿意做决策。这是因为情况总会随着你带领团队实施策略的时候不断变化。有些事情你尝试了但没有成功，有些团队成员会犯错误，你会从中发现一些新的问题，所有这些情况都需要新的决策。如果你开动脑筋，让你的团队参与进来，做你认为对员工和团队最好的事情，那么你坚持正确方向并克服困难的概率就会大大提高。

7.1 你将面临的各种决策

在你带领团队追求胜利的时候，将会出现新的挑战。下面是一些你将会面临的决策。

7.1.1 勇敢的决策：必须做的事情

艰难的决策，有时会令人踯躅不前，但往往会产生令人难以预料的进步。有时整个团队都处于危险当中，领导者是唯一能勇敢做出决定、解救团队于危难之中的人。

7.1.2 优先决策：首先要做的事

领导者不仅要高瞻远瞩、格局广阔、愿景深远，而且在做决策时要立足于本团队和组织优先要解决的事情。

7.1.3 改变决策：哪些事情必须改变

领导者最困难但也最重要的角色之一就是为了整

个团队和组织而成为变革的推动者。大部分人不喜欢变革，他们害怕它、抵触它。领导者通常要为变革提供教育和动力。

7.1.4 创造性的决策：可能的事情

有时做出艰难的决策需要经验，但真正有益的往往是创造力。优秀的领导者能够跳出固有的思维模式，帮助团队突破障碍，开拓新领域。

7.1.5 人员决策：参与人员

为一项指定的工作找到合适的人并不总是那么容易，但比这更困难的是决定某个人是否不再适合这个团队。

虽然做决策很困难，但这对优秀的领导者至关重要。H.W. 安德鲁斯（H. W. Andrews）断言：“一个人在深思熟虑后还没有做出决策很快就会被贴上不适合某个职位的标签。并不是你所有的决定都是正确的。没有人是完美的。但如果你养成了做决策的习惯，经验会提高你的判断力，你的决策会越来越正确。”因此，你会成为一个更加优秀的领导者。

7.2 抵制住偏离轨道的压力

在我们快速而复杂的文化中，每个人都会感受到某种压力，这种压力在艰难时期会变得更严重。诱惑会随着压力接踵而来。你也许会被迫走捷径或歪曲事实。企业高管会感受到不惜一切代价提高企业股票价值的压力，销售人员感受到增加产品销量的压力，学生们感受到获得更高分数的压力。没有人能避免压力，所以问题是你将如何应对它？

7.2.1 做好应对压力的准备

由于领导层的压力是不可避免的，所以明智的做法是了解压力并为之做好准备。压力会诱使你妥协，这可能会危及你的成功。下面是你有可能面临的一些压力，它们有可能会让你失利。

1. 感情用事、做出轻率决定的压力

压力会使情绪上升，而强烈的情绪会使思维混乱。但做任何决策前都需要良好的思维。在情绪混乱的情况下保持思维清晰的唯一办法是暂停下来。情绪激动时做出的决策通常是短视的，旨在减少压力，但并不一定能解决问题。它们的影响是负面的。太多的草率决定，会让你的进步停滞不前，偏离轨道，甚至会倒退。

2. 否认事实的压力

你的团队在追求胜利的过程中会发生错误，但有些人不可能承认错误。如果你或你的团队成员否认事实，那么你最终会做一个毫无根据的决策。在这种情况下做一个好的决策会有多大的可能性？

3. 走捷径的压力

有人说过两点之间最长的距离是捷径。虽然这有可能是真的，但压力往往会让你找到一条看似更简单

的路，绕过困难的挑战。人们很容易相信这是真的。下面是找到捷径的方法：它们往往在短期内看起来更容易。但从长远来说，它们的代价是巨大的。

4. 放弃承诺的压力

莫里哀（Molière）说过："男人的承诺都是一样的，只是在行动上有所不同。"压力会让履行承诺看起来不可能，紧接着它会诱使你放弃寻找遵守承诺的方法。但违背承诺的代价是巨大的。如果你超越表面的困难，通常可以找到解决问题的好办法。

5. 屈服于他人意见的压力

压力往往出自他人之口，有时甚至伪装成你所信任之人的好建议。重要的是要权衡他人的意见、担忧甚至诉求与你所知道的自己的使命。如果你有屈服于他人需求或意见的倾向，那么你必须努力去做正确的事，即使它不受欢迎。

6. 做出你不能或不打算遵守的承诺的压力

对于有些领导者来说，来自他人的压力太大了，以至于他们被迫只说那些人想听到的话。但万一这些话不能实现，它们就有摧毁信任的力量。塞缪尔·约翰逊（Samuel Johnson）说过：“它们不应当用来点燃人们的期望，因为我们没有力量实现这些期望。看到烟雾变成火焰比火焰变成烟雾更让人愉悦。”对于领导者来说，避免做出有可能会化为泡影的承诺至关重要。

7.2.2 记住利害关系

为了做出有益于团队、有益于长远目标的决策，领导者要时刻记住什么是利害攸关的。在艰难时期，这些风险的指数很高。它们不仅包括团队平安度过危机的能力或者保持在通往胜利道路上的能力。你的领导信誉也岌岌可危。这包括对你的积极动机、你的能力、你的正直度的信任。

7.3 你的诚信：它的兴衰取决于你所遵循的原则

行为准则的另外一个名称叫道德规范。这里我要指出的是我相信没有诸如商业道德、领导道德或艰难时期适用的规范这类事情，只有道德规范。想一想，当人们在职业生活、精神生活、家庭生活中采用不同的道德规范时，他们有如用纸牌建了一座房子，它最终会轰然倒塌。

道德就是道德。遵守道德规范只需要考虑两个重要因素：第一是要遵循的标准，第二是遵循它的意愿。

7.3.1 遵循的标准

在当今的相对主义文化中——每个人都想用不同的标准，每种情况都需要不同的行为准则——我发现不同文化背景的人似乎都愿意接受一个标准：黄金法则，这是一个充满希望的现象。虽然这个术语及其定义在我们的文化中起源于基督教，但我的一个导师弗雷德·史密斯（Fred Smith）认为，黄金法则存在于每一个文化、每一个信仰中。以下是一些它的变体：

基督教："你希望别人怎样对待你，你就怎样对待别人。"[7]

伊斯兰教："爱人如爱己，方为真信士。"[8]

犹太教："你所憎恶的不可加于你的同伴。这是全部的律法；其余的都是评论。"[9]

佛教："在我为不喜不悦者，在人亦如是，我何能以己之不喜不悦加之于他人。"[10]

印度教："这是全部的职责；己所不欲勿施于人。"[11]

琐罗亚斯德教："凡是自己不喜欢的事，不要强加于人。"[12]

儒家："己所不欲，勿施于人。"[13]

巴哈伊教："如果你的眼光是公正的，为你的邻居选择你所愿意的。"[14]

耆那教："一个人应该像对待自己那样对待所有的生物。"[15]

约鲁巴谚语（尼日利亚）："一个人要拿一根尖尖的棍子去刺一只雏鸟之前，应该先在自己身上试一试，感受一下有多疼。"[16]

“己所不欲，勿施于人”这种观念几乎为世界各地的人们所接受。这是我们能找到的最接近普遍的道德准则的东西。当描述给没有精神世界或宗教信仰的人听时，他们通常也会承认它的真实性。毕竟谁愿意受到比别人差的待遇呢？

我们的问题之一是道德从来都不是一个商业问题、社会问题或政治问题，它一直都是个人问题。人们常说他们想要诚信，但同时令人讽刺的是他们所表现的并不像他们要求别人那样诚信。同样一个人一边偷税、贪污，一边要求他所购买股票的公司、他所投票选举的政客以及他所打交道的生意伙伴对他诚信。

讨论道德容易，厌恶没有通过道德考验的人更容易——尤其是当我们受到他人不道德行为侵犯的时候。在我们自己的生活中做出道德的选择却不那么容易。20世纪80年代，美国前总统罗纳德·里根（Ronald Reagan）曾打趣说：“谈到经济，如果你的邻居失业了，那是衰退；但如果你失业了，那就是萧条！”道德也是类似的。当我是那个必须做出决策的人时，事情就变得不那么容易了。

我想做一个有道德的人，相信你也是。而且我还知道做正确的事并在商业上取得成功是有可能的。

7.3.2 遵循它的意志

当涉及道德问题时，做出重大决策通常很容易。绝大多数人会毫不费力地决定不去杀人，很少有人会被诱惑去偷车或闯入民宅。然而小的事情更难管理。一个人要让人觉得值得信赖，他必须是可预见的。当你用黄金法则管理你的生活和所有小的决策时，你就在你的生活中创造了道德上的可预见性。人们就会信赖你，相信你会一直做正确的事。

当你在生活中应用黄金法则并且根据它做决策时，请记住：

1．是决策而不是条件决定你的道德

性格不好的人愿意把他们的选择归咎于环境，而有道德的人无论环境如何都会做出好的选择。如果他们做出足够好的选择，他们就会创造出对自己有益的条件。

2. 错误的决策会留下瑕疵

每当人们做出错误的决策时，都会有影响，只是不马上显现出来罢了。

3. 参与的人越多，从众的压力越大

私下做出道德决策的人也有他们自己的压力，因为他们可能会轻易认为私下的轻率行为永远都不会公之于众。人们做出涉及他人的公共决策时，会承担不同的压力——从众的压力。无论承受的压力有多大，你都不要让他人强迫你做出不道德的决策。

4. 不作为也是一种决策

有些人对做道德决策的反应是不作为。然而，不作为也是一种决策，记住这一点很重要。成千上万的人每天在看到他们的雇主偷工减料或者违背道德规范时，选择了不作为——他们最终将承担后果。

在做艰难决策时，你必须遵守原则才能过上有道德的生活。爱德华 · R. 莱曼（Edward R. Lyman）说："原则，特别是道德原则，永远不能成为风向标，随着权宜之计的风向而左右摇摆。道德原则是一个永远固定不变、永远正确的指南针——这在商业上和在课堂上一样重要。”

7.4 领导者在压力下崩溃的原因

我相信人们之所以会做出不道德的选择是由于下面三个原因。

7.4.1 他们做最方便的事

道德困境是指基于道德准则或实践而做出的不受欢迎的或令人不愉快的选择。在这种情况下我们该怎么办？我们是做容易的事还是正确的事？作为人类，我们似乎很容易在道德测试中败下阵来。我们甚至明知道某件事是错误的还去做，是因为它更容易。我们作弊是因为我们认为不会被逮到，我们允许自己偷工减料是因为我们想当然地认为就这一次，这是我们处理压力的方式。

7.4.2 为了胜利他们竭尽所能

我认为大多数人都像我一样：我讨厌失败！商人尤其渴望通过成就和成功获得胜利。但很多人认为他们必须在道德和胜利之间做出选择。很多人相信拥护道德会限制他们的选择、他们的机会、他们获得商业成功的能力。他们同意哈佛大学历史学教授亨利·亚当斯（Henry Adams）的说法："道德是一种私人的、昂贵的奢侈品。"如果你认为你只有两个选择——（1）不惜一切代价获取胜利，即使这是不道德的；（2）有道德却输了——你面临着一个真正的道德困境。很少有人一开始就想不诚实，但是没有人想输。

7.4.3 他们用相对主义对自己的选择进行合理解释

很多人选择审时度势来应对必败的局面，结果陷入道德的泥淖中。每个人都有自己的标准，它们会随势而动。更糟糕的是人们宽以待己、严于律人的天性，对自己的要求是善意的，对别人的要求是严格的，根据他们最坏的行为评价他们。我们的决策曾经基于道德，现在反而道德基于我们的决策。如果决策对我有好处，那么它就是好的。这种趋势什么时候才能到头？

如果你接受有道德的行为，它会自动让你变得富有和成功吗？当然不会。它会为你的成功铺平道路吗？绝对会！“道德＋能力”是一个稳赢的方程式。相反，总是不断尝试检验道德底线的人最终会翻越那道底线。从长远来看，捷径永远不会带来回报。它也许会欺骗人们一时，但是从长远来说，他们将会自食恶果，因为真相终将水落石出。短期来看，合乎道德的行为可能看起来是一种损失（仅仅因为人们通过不道德的行为可以暂时获得胜利）。然而从长远来说，没有道德的人总是失败的。你遇到过生活在充满捷径、欺骗和谎言中的人最终获得成功了吗？

7.5 记住哪些人参与

很多领导者认为他们需要知道所有的答案。毕竟如果他们承认他们有些事情不知道，那将会显示他们的软弱。而如果他们表现出软弱，他们还如何高高在上？然而成功的领导者有不同的想法。

领导者的职责不是每一件事都要知道而是吸引那些比领导者知道的事情多的人。一个人的智慧并不如所有人合在一起的智慧。如果你曾试图想要知道所有的答案，那么现在你需要做出改变。不要将人们召集到一起给他们答案，而是要号召他们帮你一起找到答案。你的领导力会因此得到提升，你不仅可以做自己，不用再假装无所不知，而且还可以受益于集体思考的力量。

有时为了找到最好的答案，你需要从不同的角度考虑问题。我和我的团队成员一直都是这样做的。有时他们需要说服我，让我相信他们的决策是对的。有时情况正好相反，我需要给他们时间消化、理解。这种互让是非常有益的。

如果我推行了我的团队不认可的决策，那是因为我感受到了成功的机会或者作为领导者我有很强的直觉。但这并不意味着我可以凌驾于我的团队之上或者强制解决这个问题。我可以给他们时间去梳理这个问题，通过对问题的反复审视，让他们可以不断接收额外的信息。

相反，有时我会回过头来听从核心成员的意见。如果一个人比我更了解这个问题，而且他或她还有成功的经历，我会听从他或她的意见。做决策应当尽可能接近问题的本质。如果团队成员要负责将这项工作继续向前推进，我更可能遵从他们。如果团队成员不断提出一个想法或决策，并且带着极大的热情，我可能会重新考虑我的立场或决定，并尊重他们。

我的团队成员不止一次地让我免于做出糟糕的或者错误的决策，因为他们看到了我没有看到的东西，依靠了我没有的经验或者分享了他们拥有的而我又缺乏的智慧。他们的想法提升了我的能力，对此我非常感激。

优秀的领导者做任何事情从不把他们的员工排除在外。他们总是考虑到员工所处的位置、所信仰的东西、所感受的东西。他们提出的每一个问题都是在员工背景下表达的。知道该做什么并不足以让一个人成为优秀的领导者。仅仅因为某件事是正确的并不意味着人们会放心让你去做。优秀的领导者会考虑到这一点。他们会深入思考，做出相应的规划。

你如果想成为一个成功的领导者，必须多考虑员工的情感，少考虑体制；多考虑员工的能力，少考虑规章制度；多考虑认同，少考虑程序。换句话说，你必须以人为本，才能取得成功。

7.6 建立强大的决策基础

我曾经谈到过在情绪高昂的情况下做决策是危险的。但在情绪低落的情况下也不适合做决策。当你处于情绪的低谷期，你看待事情的角度就不够好。一切看起来都那么困难，周围的山也显得高不可攀。相反，你如果站在山顶，就能对下面的风景一览无余。所以在任何情况下，只要你视野广阔，就要尝试做重大决策。除了暂停一下进行理性思考，还要确保做到以下几点。

7.6.1 做好调查

防止未经过滤的情绪对你的决策产生负面影响，实事求是可以作为第一防御措施。弄清问题，如果需要，把它写下来。然后搜集信息，考虑消息来源的可信度。你掌握的信息越可靠，你就越能对抗非理性情绪。

7.6.2 列出你的选择以及它们可能导致的结果

做调查的另一方面是考察各种选择可能导致的结果。开动脑筋想出每一种选择以及它们可能产生的潜在结果，这将帮你根除那些在情感上合理但在理性上却站不住脚的想法。

7.6.3 向合适的人寻求建议

你需要向两类人咨询意见。第一类人是做决策时所必需的人。如果他们不在场，那么你做决策时就会有麻烦。第二类人是在你所感兴趣的领域取得成功的人士，他们以你的利益为先，会给你好的建议。

7.6.4 听从你的直觉

当你在做决策时，不想受你的情绪左右，但又不想忽略自己的直觉，因为有时你的直觉会跳过事实直接给你预警。心理学家乔依丝·勃勒泽斯（Joyce Brothers）建议："相信你的直觉……直觉所依赖的事实往往都低于意识水平。"

在所有的都说到、做到的情况下，你一定能够接受自己所做的决策。当我必须要在情感上做一个艰难的抉择时，我受到亚伯拉罕·林肯（Abraham Lincoln）的启发，他说："我希望这样处理本届政府的事务，哪怕当我最后卸下所有的权力时，我已经失去了世界上所有的朋友，但我至少还有一个朋友，那个内心深处的自己。"

* * *

每当你看到一个处于艰难时期的组织，你可以肯定该组织的领导者曾做过一些艰难的决策——并且还会继续做出艰难决策。成功是一次漫长而艰难的旅程，人们不会轻而易举就成为卓有成效的领导者。正如亿万石油大亨、环保倡导者 T. 布恩·皮肯斯（T. Boone Pickens）所说："愿意做决策，这是优秀领导者最重要的品质。"

结语

我认为艰难时期特别重要的领导原则之一是由前卫生、教育和福利部部长约翰·W.加德纳（John W. Gardner）提出来的。他说："领导者自始至终的任务就是保持希望，也就是说，尽管我们每天都在行动，尽管我们懒惰、肤浅和动摇决心，但我们仍然保持着终会找到通往美好世界道路的希望。"希望是变革的基础。如果我们一直满怀希望，并且帮助他人也是如此，那么我们会有向前迈进并获得成功的机会。

危机蕴含着重生的机会，困境让我们变得更强大，冲突让我们有机会重新开始并建立更好的关系。要记住这些事情并不容易，但作为领导者，我们要提醒人们注意各种可能性并帮助他们获得成功。正如我经常说的：一切成败取决于领导力。如果你是人们所信任的领导者，那么你就有机会领导人们度过艰难时期。我希望你会接受这个挑战。

注释

1. Hal Urban, *Life's Greatest Lessons:20 Things That Matter* (New York:Fireside, 2003), 12.

2. James Casey, "*Climb the Steep*," PoemHunter.com, http:// www.poemhunter.com/poem/climb-the-steep/, accessed September 25, 2012.

3. Warren W. Wiersbe, *In Praise of Plodders*! (Grand Rapids, MI: Kregel, 1991).

4. Stephen R. Covey, *Principle-Centered Leadership* (New York: Fireside, 1992), 246.

5. Wolf J. Rinke, *Winning Management:Six Fail-Safe Strategies for Building High-Performance Organizations* (Clarksville, MD: Achievement Publishers, 1997), 212.

6. Robert H. Schuller, *Tough Times Never Last, but Tough People Do!*

(New York:Bantam Books, 1984), 73.

7. Matthew 7:12, NLT.

8. *Sahih Muslim*, book 1, number 72, quoted in "Golden Rule in Islam," Islam.ru, February 26, 2013.

9. *Talmud*, Shabbat 3id, quoted in "The Universality of the Golden Rule in World Religions," http://www.teachingvalues. com/goldenrule. html.

10. Udana–Varga 5, 1, quoted in "The Universality of the Golden Rule in World Religions."

11. Mahabharata 5, 1517, quoted in "The Universality of the Golden Rule in World Religions."

12. Shayast–na–Shayast 13:29, quoted in "The Golden Rule Is Universal," Golden Rule Project, https://www.goldenruleproject. org/formulations.

13. Analects 15:23, quoted in "The Golden Rule Is Universal."

14. Epistle to the Son of the Wolf, quoted in "The Golden Rule Is Universal."

15. Sutrakritanga 1.11.33, quoted in "The Golden Rule Is Universal."

16. African proverb quoted in "The Golden Rule Is Universal."

领导力大师系列

—— 重磅上市 ——

用大师的领导力思想，应对数字时代的深度变革

排名世界第一的领导力大师的传世之作，新东方创始人俞敏洪、清华大学教授杨斌领衔推荐，为你的精彩人生规划一份领导力蓝图。

ISBN：978-7-5043-8934-3
定价：79.00 元

哈佛商学院终身教授、变革领导力之父约翰 · 科特最新力作。本书堪称变革逻辑的颠覆性创新之作，组织变革和领导力提升的教科书级指导书。

ISBN：978-7-5043-8993-0
定价：79.00 元

本书系统介绍了 11 种各具特色的思维方式，能全面提升你的大局意识、创新力和领导力，帮助你以多维思考应对复杂社会的巨大挑战。

ISBN：978-7-5151-0880-3
定价：59.00 元

本书为我们打开了“青色组织”与“自主管理”的大千世界，让各种新型管理做法闪亮登场，带我们领略这些充满生机与活力的组织新型管理实践。弗雷德里克 · 莱卢郑重推荐！

ISBN：978-7-5043-8984-8
定价：89.00 元

领导力大师系列
——重磅上市——

用大师的领导力思想，应对数字时代的深度变革

世界知名咨询公司光辉国际首席执行官重磅作品，锁定感激、坚韧、期望、勇气、共情 5 大领导力品格，塑造真正优秀的领导者。

ISBN：978-7-5043-9063-9
定价：69.00 元

世界知名咨询公司光辉国际首席执行官重磅作品，聚焦把危机视为新常态的心智模式和思考技术，助力企业打造超高逆商，在穿越迷雾后走向成功。

ISBN：978-7-5043-9008-0
定价：65.00 元

享誉世界的领导力和人际关系大师麦克斯韦尔最新力作。对于在危急时刻如何带领团队走出困境，给出全面、客观、实用的解答和指导。

ISBN：978-7-5043-9076-9
定价：59.00 元

前美国公开演讲冠军、领导力专家的智慧总结，全面解读如何通过语言艺术提升领导力及团队绩效，并最终影响企业命运。

ISBN：978-7-5043-9021-9
定价：59.00 元